DEDICADO A

David Leonardo Avella B.

POR

Ser El Mejor Esposo Del Mundo, Fuerte, Respetuoso, Honesto, Trabajador, Luchador Y Mi Mejor Amigo Y Consejero. Te Amo.

FECHA

Marzo 14, 2016

Tu Esposa: Maya

EL
Desafío del Amor

EL
Desafío del Amor

EDICIÓN REVISADA Y AUMENTADA

STEPHEN Y ALEX
KENDRICK
CON LAWRENCE KIMBROUGH

NASHVILLE, TENNESSEE

ADVERTENCIA: ESTE VIAJE DE CUARENTA DÍAS NO PUEDE TOMARSE A LA LIGERA.

ES UN PROCESO DESAFIANTE Y A MENUDO DIFÍCIL, PERO TAMBIÉN ES INCREÍBLEMENTE SATISFACTORIO. ACEPTAR ESTE DESAFÍO EXIGE UNA PLENA CONCIENCIA DE LO QUE REPRESENTA Y UNA DETERMINACIÓN FIRME.

NO ESTÁ HECHO PARA PROBAR DURANTE UN TIEMPO, Y LOS QUE ABANDONEN PRONTO PERDERÁN LOS MAYORES BENEFICIOS. SI ESTÁS DISPUESTO A COMPROMETERTE UN DÍA A LA VEZ DURANTE CUARENTA DÍAS, LOS RESULTADOS PODRÍAN CAMBIAR TU VIDA Y TU MATRIMONIO.

CONSIDÉRALO COMO UN DESAFÍO DE PARTE DE QUIENES LO ACEPTARON ANTES QUE TÚ.

Prefacio del autor

Cuando se publicó El desafío del amor por primera vez en 2008, nadie anticipaba del todo la respuesta. Nos sentimos honrados y sorprendidos al ver que rápidamente se transformó en un éxito de librería internacional y que ha permanecido en la lista del New York Times más de tres años. Millones en todo el mundo se embarcaron en la travesía del desafío del amor y comenzaron a aprender y practicar estos principios en sus relaciones interpersonales. Llovieron incontables correos electrónicos para contarnos cómo se había reavivado el romance, se salvaban matrimonios moribundos, y se abrían los ojos a la naturaleza del amor verdadero y comprometido. Consejeros matrimoniales y pastores comenzaron a usar el libro para fortalecer a las parejas bajo su cuidado. Incluso abogados y jueces especializados en divorcio empezaron a aconsejar a las parejas que resolvieran sus conflictos viendo la película Fireproof [A prueba de fuego] y leyendo El desafío del amor en lugar de hacerlo en el tribunal.

Nos conmovió escuchar que soldados que regresaban de la guerra a sus hogares usaban El desafío del amor para restaurar sus matrimonios dañados. Padres con el síndrome del nido vacío comunicaban entusiasmados cómo estaban reavivando el romance. Un hombre leyó el libro seis veces con su esposa, porque aprendían mucho y disfrutaban de la experiencia juntos. También nos enteramos que un anciano se levantó en medio de un evento público y exclamó: «¡Quiero que todos sepan que acabo de poner en práctica el Desafío del amor y amo a mi esposa como nunca antes!».

Damos gracias a Dios por cada persona, matrimonio y familia que han sido beneficiados y bendecidos por esta travesía. Reconocemos que el Señor es quien cambia corazones y resucita matrimonios muertos. Estamos agradecidos de que nos haya permitido unirnos a Él para compartir con esta generación estas verdades eternas sobre el amor.

Así que, con gratitud, presentamos esta versión actualizada de El *desafío del amor*. Es más que una nueva portada. Hemos revisado el manuscrito original con cuidado y reforzado casi todos los capítulos, añadiendo conceptos nuevos, pero manteniendo la idea y el formato general. Además, proporcionamos recursos nuevos en los apéndices y compartimos respuestas de lectores al final de cada día, para alentarte en tu travesía.

Sigue siendo El *desafío del amor*... ¡pero mejor!

Si es la primera vez que lo pones en práctica, descubrirás que algunos principios pueden parecer sencillos y naturales para ti, mientras que otros son nuevos y no te resultan tan cómodos. La clave no está en lo que ya sabes sobre el amor ni en lo que descubras en esta lectura, sino en lo que hagas e implementes en tu relación en forma coherente. Comprender solamente estas verdades no transformará tu matrimonio. Es necesario aplicarlas. Amar tiene que ser un verbo cotidiano y activo, no una comprensión o sentimiento latente. Cada vez que pienses «eso ya lo sé», deberías también considerar «pero, ¿acaso lo *hago*?». Esperamos que este libro y esta experiencia te impulsen a pensar y vivir de una manera nueva y dinámica.

Antes de comenzar, nos gustaría responder cinco preguntas que han surgido repetidas veces.

1. *¿Debería leer* El desafío del amor *solo o con mi cónyuge?*

Si tu cónyuge está dispuesto a acompañarte, pueden leer el libro juntos y divertirse en el intento de «superar» el uno al otro con cada desafío. Si no, considera mantenerlo en secreto, y disfruta de su curiosidad mientras se pregunta qué estará sucediendo.

2. *¿Y si mi cónyuge se entera y me reprocha: «Solo estás siendo amable conmigo porque el libro lo indica»?*

Puedes contestar: «Nadie me obliga a hacer nada de esto. Yo decido hacerlo. Es verdad, el libro me da ideas, pero lo estoy leyendo justamente porque quiero ser más amoroso y aprender a expresarte mejor mi amor. Ahora que lo sabes, te desafío a leer el libro juntos».

3. *¿Y si me retraso y no puedo seguir el ritmo?*

No te sientas culpable si no puedes cumplir cada desafío a la perfección. Sigue tu propio paso. Si en algún momento te estancas, recuerda que avanzar despacio y llegar hasta el final es más importante que terminar en 40 días. Esfuérzate al máximo, haz los ajustes necesarios e intenta ir al día.

4. *¿Y si estoy separado o divorciado?*

En lugar de darte por vencido, sé creativo. Concéntrate en lo que puedes hacer por tu cónyuge o tu ex. Algunos han leído el libro, guardado desafíos y completado los pertinentes cuando surgía la oportunidad durante los momentos limitados de interacción. Otros han transformado esos desafíos en oraciones por sus cónyuges o los realizaron por correo o Internet. Sencillamente, adapta tu situación y acepta el desafío por tu propio bien. Las parejas separadas por transferencias laborales, servicio militar o viajes también pueden aplicar estos enfoques creativos y disfrutar de las bendiciones de esta experiencia.

5. *¿Y si mi cónyuge no responde como espero?*

Simplemente, sigue adelante. Esta travesía apunta más a que aprendas a amar, y no tanto a la respuesta de tu cónyuge. Hemos descubierto que algunos responden bien enseguida. Otros necesitan más tiempo. Si hay años de dolor y daño emocional en el medio, hará falta mucha contribución, y la sanidad será más lenta. Aunque hagas todo bien, tu cónyuge tal vez no sepa cómo recibir amor, y quizás al principio reaccione en forma negativa como para probar tu sinceridad y tu constancia. Sé paciente y piensa a largo plazo. Un hombre no se rindió, y leyó y puso en práctica El *desafío del amor* tres veces antes de que su esposa por fin se quebrara y volviera con él para restaurar su matrimonio. Aunque ella no lo hubiera hecho, lo que él aprendió fue invalorable para su vida. Jamás desestimes el poder del amor incondicional. Acepta el desafío confiando en que no estás solo; hay otros que te alientan.

Hace poco, una pareja nos recordó cuán valioso es el regalo del matrimonio, al contarnos su historia personal: cómo se reconciliaron y volvieron a casarse luego de estar divorciados durante 27 años. Su conmovedor testimonio nos inspiró profundamente. Confirmó una vez más que, aun en tiempos difíciles, el matrimonio siempre es valioso y vale la pena luchar por él.

Nuestra esperanza para ti es que esta aventura renueve tu relación con cosas extraordinarias. Y mientras aprendes, ¡comparte tu historia con otros para inspirarlos y alentarlos en su travesía! ¡Atrévete a amar!

Bendiciones para ti,

Stephen y Alex Kendrick
Autores de El desafío del amor

Procurad [...] el amor... (1 Corintios 14:1a)

Y CONSIDERÉMONOS UNOS A OTROS
PARA ESTIMULARNOS AL AMOR
Y A LAS BUENAS OBRAS.

HEBREOS 10:24, RVR1995

¿Cómo está tu matrimonio?
Evaluación gratuita

Para ayudarte a establecer una visión general clara y actual de tu matrimonio, y para seguir tu progreso en la travesía de El *desafío del amor*, hemos desarrollado una evaluación matrimonial personalizada y GRATUITA que es sencilla, privada, anónima y se realiza en línea por Internet. En pocos minutos, puedes dilucidar dónde estás, descubrir tus áreas clave de crecimiento e identificar cómo usar El *desafío del amor* de forma estratégica para tu beneficio.

Sencillamente, entra a **www.desafiodelamortest.com** y sigue las instrucciones paso a paso. Puedes realizar la evaluación en quince minutos o menos, y recibir al instante tu análisis y resultados, así como recomendaciones prácticas.

No importa si realizas esta prueba solo o con tu cónyuge; esperamos que consideres seriamente comenzar El *desafío del amor* con esta información útil en mano. No solo te proporcionará una mirada diagnóstica sobre ti mismo y tu matrimonio, sino que también te guiará a los «días» específicos del libro más apropiados para fortalecer tu relación en distintas áreas específicas de la salud matrimonial. Además, te alentamos a que vuelvas a realizar la evaluación luego de completar El *desafío del amor* para comparar tus resultados. ¡Disfrútalo!

NOTA: Agradecemos al respetado terapeuta matrimonial y escritor, el Dr. Ramón Presson, quien nos ayudó a desarrollar esta exclusiva herramienta para matrimonios, combinando su vasta experiencia con la esencia de El *desafío del amor*. El Dr. Gary Chapman, autor de Los *cinco lenguajes del amor*, afirma: «Hace casi 30 años que conozco personalmente a Ramón Presson, y es un placer recomendarlo como especialista en enriquecimiento personal y matrimonial. Tiene la capacidad singular de develar las heridas e indicar el camino a la esperanza». Creemos que coincidirás.

Introducción

Las Escrituras afirman que Dios diseñó y creó el matrimonio como algo bueno, hermoso e invalorable. Él usa el matrimonio para ayudarnos a eliminar la soledad, multiplicar nuestra eficacia, establecer familias, criar hijos, disfrutar la vida y bendecirnos con intimidad en la relación.

Pero más allá de esto, el matrimonio nos muestra la necesidad de crecer y tratar nuestros problemas y egoísmo con la ayuda de un compañero para toda la vida. Si estamos dispuestos a recibir enseñanza, aprenderemos a hacer lo más importante en el matrimonio: *amar*. Esta unión poderosa te proporciona el camino para aprender a amar, de manera incondicional, a otra persona imperfecta. Es maravilloso. Es difícil. Es transformador.

Este libro es sobre el amor. Se trata de aprender y de atreverse a experimentar una vida llena de relaciones afectivas. Y este viaje comienza con la persona más cercana a ti: tu cónyuge. Que Dios te bendiga al comenzar esta aventura.

No te quepa duda: deberás ser valiente. Si aceptas este desafío, considera que en lugar de *seguir* tu corazón, deberás *guiarlo*. El mundo te dice que sigas tu corazón, pero si tú no lo guías, alguien o algo lo hará por ti. La Biblia declara que «más engañoso que todo, es el corazón» (Jeremías 17:9), y que siempre buscará hacer lo que mejor le parezca.

Te desafiamos a que decidas *guiar tu corazón* hacia lo que será mejor a la larga. Esta es la clave para tener relaciones interpersonales duraderas y satisfactorias.

El *desafío del amor* no es un proceso en el que intentas cambiar a tu cónyuge para que sea como tú quieres. Sin duda, ya has descubierto que los esfuerzos para cambiarlo han terminado en fracaso y frustración. En cambio, es un viaje para explorar y demostrar el amor genuino, aun cuando tu deseo se haya marchitado y tu motivación sea escasa. Lo cierto es que el amor es una decisión y no un sentimiento. Es abnegado, se sacrifica y transforma. Y cuando se demuestra tal como fue diseñado, es probable que tu relación mejore.

Cada día de este viaje tendrá tres elementos sumamente importantes:

En *primer lugar*, se hablará sobre un aspecto único del amor. Lee cada uno con cuidado y mantente abierto a una nueva comprensión de lo que significa amar a alguien de verdad.

En *segundo lugar*, se te desafiará a realizar algo específico por tu cónyuge. Algunos desafíos serán sencillos y otros, un verdadero reto; pero tómalos en serio y sé lo suficientemente creativo y valiente como para intentarlos. No te desalientes si no puedes cumplir un desafío en particular debido a situaciones externas. Retoma apenas puedas y sigue adelante con el viaje.

Por último, tendrás un espacio donde registrar lo que estás aprendiendo y haciendo, y la respuesta de tu cónyuge. Aprovecha este espacio para anotar lo que sucede con ambos. Estas notas reflejarán tu progreso, y serán invalorables y útiles para ti en el futuro.

Recuerda, tienes la responsabilidad de proteger y guiar tu corazón. No te des por vencido ni te desalientes. Decide guiar tu corazón y llegar hasta el final. Aprender a amar de verdad es una de las cosas más importantes que harás en la vida.

Y ahora permanecen la fe, la esperanza y el amor, estos tres; pero el mayor de ellos es el amor. (1 Corintios 13:13)

Si yo hablara lenguas humanas y angélicas, pero no tengo amor, he llegado a ser como metal que resuena o címbalo que retiñe.

Y si tuviera el don de profecía, y entendiera todos los misterios y todo conocimiento, y si tuviera toda la fe como para trasladar montañas, pero no tengo amor, nada soy.

Y si diera todos mis bienes para dar de comer a los pobres, y si entregara mi cuerpo para ser quemado, pero no tengo amor, de nada me aprovecha.

1 Corintios 13:1-3

Día 1
El amor es paciente

Sean humildes, amables y pacientes, y bríndense apoyo,
por amor, los unos a los otros.
—Efesios 4:2, TLA

El amor da resultado. Es el motivador más poderoso y puro de la vida, y su profundidad y significado escapan a muchas personas. Le infunde valentía al cobarde y sabiduría al necio. Siempre hace lo mejor para los demás y puede capacitarnos para enfrentar el problema más terrible.

El amor puede motivar a un hombre a dejar atrás cuestiones infantiles, proveer para su familia, y defender con pasión lo que cree: como cruzar un océano para pelear por su país. El amor puede llevar a una mujer a conectarse emocionalmente en relaciones interpersonales, consolar a los que sufren a su alrededor, proteger a sus hijos y extender una mano bondadosa a los que la necesitan.

Nacemos con una sed de amor que dura toda la vida. Nuestro corazón lo necesita con desesperación, como nuestros pulmones necesitan oxígeno. El amor cambia nuestra motivación para vivir. Con él, las relaciones cobran significado. Ningún matrimonio puede tener éxito sin amor.

El amor se apoya en dos pilares que lo definen a la perfección: la *paciencia* y la *bondad*. Sus demás características son extensiones de estos dos atributos. Y aquí comenzará tu desafío: con la *paciencia*.

El amor te inspira a transformarte en una persona paciente. Cuando decides ser paciente, respondes en forma positiva frente a una situación negativa. Eres *lento* para enojarte. Decides guardar la compostura en lugar de enfadarte con facilidad. El amor te ayuda a abandonar la impaciencia y la exigencia, y a calmarte y comenzar a demostrar misericordia a los que te rodean.

A nadie le gusta estar cerca de una persona impaciente. La impaciencia hace que reacciones exageradamente con enojo, insensatez y de manera lamentable. El enojo frente a una acción injusta, irónicamente, genera nuevos agravios. Casi nunca mejora las cosas; suele agregar problemas. Aplasta vínculos de mucho tiempo, al reaccionar frente a contratiempos momentáneos.

Por el contrario, la *paciencia* para en seco cualquier controversia. Más que morderte el labio, más que taparte la boca con la mano, la paciencia es un suspiro profundo y necesario. Despeja el ambiente. No deja que la insensatez agite amenazante su cola de escorpión. La paciencia es decidir controlar tus sentimientos en lugar de permitir que estos te dominen, y recurre al tacto en vez de devolver mal por mal. Trae paz interior en medio de una tormenta exterior.

Si tu cónyuge te ofende, ¿tomas represalias con rapidez o permaneces bajo control? ¿El enojo es tu estado emocional predeterminado cuando te tratan en forma injusta? Si así es, estás esparciendo veneno en lugar de medicina.

Si le quitaras la máscara, verías que el enojo suele ser una reacción emocional que surge de nuestra propia ignorancia, insensatez o egoísmo. En cambio, la paciencia nos hace sabios. Responde: «Ayúdame a entender», en lugar de: «¡¿Cómo te atreves?!». No se apresura a sacar conclusiones, sino que deja en *espera* nuestros sentimientos, para poder escuchar a la otra persona. La paciencia permanece a la puerta, allí donde el enojo hace todo lo posible por entrar, y espera a tener una visión completa de la situación antes de determinar la mejor respuesta. La Biblia afirma: «El lento para la ira tiene gran prudencia, pero el que es irascible ensalza la necedad» (Proverbios 14:29).

Así como la falta de paciencia transformará tu hogar en un campo de batalla, la práctica de esta cualidad fomentará la paz y la tranquilidad. «El hombre irascible suscita riñas, pero el lento para la ira apacigua contiendas» (Proverbios 15:18).

Afirmaciones como estas, del libro de Proverbios en la Biblia, son principios claros con relevancia eterna. La paciencia es el punto donde el amor se une a la sabiduría. Y todo matrimonio necesita esa combinación para mantener su salud.

El amor le da permiso a tu cónyuge para ser humano. Comprende que todos fallamos... a diario. Entonces, cuando el otro se equivoca, con paciencia decide darle más tiempo del que se merece para corregirlo. La paciencia te proporciona la increíble capacidad de resistir durante las épocas difíciles, en lugar de huir ante la presión.

Por lo tanto, realiza una autoevaluación. ¿Con qué rapidez explotas? ¿Cuánto te lleva adoptar una mala actitud? ¿Estás dispuesto a esperar con una sonrisa? ¿Tu cónyuge puede estar seguro de que cuenta con tu paciencia? ¿Tu esposa puede estar tranquila de que si deja las llaves dentro del auto y lo cierra, encontrará tu comprensión en lugar de un sermón degradante que la haga sentir como una niña? ¿Tu esposo puede saber que mirar un juego de fútbol por televisión no invitará a que vociferes una lista ofensiva e interminable de maneras en que debería invertir mejor el tiempo?

¿Cómo serían el tono y el volumen de tu hogar si probaras el siguiente enfoque bíblico? «Mirad que ninguno devuelva a otro mal por mal, sino procurad siempre lo bueno los unos para con los otros, y para con todos» (1 Tesalonicenses 5:15).

A pocos nos resulta fácil la paciencia, y a ninguno le surge en forma natural. Sin embargo, las mujeres y los hombres sabios la considerarán el ingrediente esencial para su vínculo matrimonial. Es un buen punto de partida para demostrar el amor verdadero.

Este viaje para atreverse a amar es un proceso, y lo primero que debes decidir es demostrar paciencia día a día. Considéralo un maratón, no una carrera corta y de velocidad. Pero es una carrera que vale la pena correr. Así como nunca deberíamos dejar de amar, la paciencia también tiene que ser una característica constante. Cada vez que sale el sol, debemos renovarla.

EL DESAFÍO DE HOY

LA PRIMERA PARTE DE ESTE DESAFÍO ES
BASTANTE SIMPLE. AUNQUE EL AMOR SE
COMUNICA DE DISTINTAS MANERAS, NUESTRAS
PALABRAS SUELEN REFLEJAR LA CONDICIÓN
DEL CORAZÓN. MAÑANA, DURANTE TODO EL
DÍA, DECIDE DEMOSTRAR PACIENCIA Y NO
DECIRLE NADA NEGATIVO A TU CÓNYUGE. SI
SURGE LA TENTACIÓN, PERMANECE CALLADO.
ES MEJOR CONTENERTE QUE EXPRESAR ALGO
QUE LUEGO LAMENTES.

___ Haz una marca aquí cuando hayas completado el desafío
de hoy.

¿Sucedió algo que te haya hecho enojar con tu cónyuge
hoy? ¿Te viste tentado a tener pensamientos de desaprobación y
a expresarlos en palabras? ¿Cómo lo manejaste?

_____

_____

_____

_____

_____

_____

_____

… que cada uno sea pronto para oír, tardo para hablar, tardo para la ira.
(Santiago 1:19)

«Dedícate a esto de todo corazón, y pronto comenzarás a ver cambios». —Elba

DÍA 2
El amor es amable

Sed más bien amables unos con otros, misericordiosos,
perdonándoos unos a otros, así como también Dios
os perdonó en Cristo.
—Efesios 4:32

La amabilidad es amor en acción. Si la paciencia es la manera en que el amor *reacciona* para reducir al mínimo una circunstancia negativa, la amabilidad es la forma en que el amor *actúa* para aumentar al máximo una situación positiva. La paciencia evita un problema; la amabilidad genera una bendición. Una es preventiva, la otra es dinámica. Estas dos caras del amor son las piedras angulares sobre las cuales se construyen los demás atributos que trataremos.

El amor te hace amable. Y la amabilidad te hace agradable. Cuando eres amable, las personas quieren estar cerca de ti. Perciben que eres bueno *con* ellas y que obras *para* beneficiarlas.

La Biblia destaca la importancia de la bondad: «¡Nunca permitas que la lealtad ni la bondad te abandonen! Átalas alrededor de tu cuello como un recordatorio. Escríbelas en lo profundo de tu corazón. Entonces tendrás tanto el favor de Dios como el de la gente, y lograrás una buena reputación» (Proverbios 3:3-4, NTV). Las personas amables hallan favor dondequiera que van. Incluso en el hogar.

No obstante, «amabilidad» puede parecer un término genérico para definirlo, y más aun, para ponerlo en práctica. Así que separaremos la amabilidad en cuatro ingredientes esenciales:

Iniciativa. La amabilidad piensa de antemano y luego da el primer paso. No es necesario pedírselo. No se sienta a esperar que la impulsen ni la obliguen a salir del sofá. El cónyuge amable será el que salude primero, sonría primero, sirva primero y perdone primero. No necesita que el otro haga las cosas bien para demostrar amor. Cuando obras desde la amabilidad, ves la necesidad y das el primer paso.

Dulzura. Cuando obras con amabilidad, tienes cuidado de cómo tratas a tu cónyuge y jamás eres demasiado severo, sino sensible y tierno. Aun si es necesario decir algo difícil, haces todo lo posible para que tu reprimenda o desafío sean fáciles de escuchar. Hablas la verdad en amor.

Servicio. Ser amable significa cubrir las necesidades del momento. Si se trata de tareas domésticas, te pones a trabajar. ¿Hace falta un oído dispuesto? Lo proporcionas. La amabilidad adorna a la mujer con la capacidad de servir a su esposo sin preocuparse por los derechos propios. La amabilidad despierta en el hombre la curiosidad de descubrir lo que su esposa necesita, y lo motiva a dar un paso al frente y asegurarse de que esas necesidades se satisfagan… aunque las propias queden en espera.

Buena disposición. La amabilidad te inspira a estar dispuesto. En lugar de ser obstinado, reacio o terco, cooperas y te mantienes flexible. En vez de quejarte y poner excusas, buscas maneras creativas para llegar a un acuerdo y adaptarte. Un esposo amable termina miles de posibles discusiones al estar dispuesto a escuchar antes de exigir que se haga lo que él quiere.

Jesús describió la amabilidad del amor en la parábola del buen samaritano, que se encuentra en la Biblia, en Lucas 10.

A un hombre judío lo atacaron unos ladrones y lo dejaron moribundo en un camino apartado. Dos líderes religiosos, respetados entre su gente, pasaron y decidieron no detenerse. Estaban demasiado ocupados. Eran demasiado importantes. Les gustaba demasiado tener las manos limpias. Sin embargo, un hombre común de otra raza (de los odiados samaritanos, cuyo desprecio por los judíos era tanto amargo como mutuo) vio a este extraño necesitado y se conmovió. Cruzó todas las barreras culturales y se arriesgó a hacer el ridículo: se detuvo a ayudar al hombre. Vendó sus heridas, lo colocó sobre su propio burro, lo llevó a un lugar seguro y pagó todos los gastos médicos de su propio bolsillo. En donde años de racismo habían causado conflictos y división, un acto de amabilidad unió a dos enemigos. Este hombre tomó la iniciativa y demostró la verdadera amabilidad en todas sus formas. Con dulzura. Mediante el servicio. Con buena disposición.

Jesús ilustró cómo el amor puede hacer que incluso enemigos se ayuden mutuamente con bondad. Si los enemigos pueden hacerlo, ¿cuánto más las personas que se conocen íntimamente? ¿Cómo puede el amor aumentar la bondad en tus relaciones interpersonales? ¿Y en tu matrimonio?

¿Acaso al principio no fue la amabilidad algo clave que los unió a ti y a tu cónyuge? Cuando te casaste, ¿no esperabas disfrutar de su bondad el resto de tu vida? ¿Y tu pareja no sentía lo mismo respecto a ti? Aunque los años pueden mitigar ese deseo, tu placer en el matrimonio sigue ligado al nivel diario de amabilidad expresada. Es lo que alimenta el disfrute mutuo.

La Biblia describe a una mujer cuyo esposo e hijos la bendicen y la alaban. Entre sus atributos nobles, se encuentran: «Abre su boca con sabiduría, y hay enseñanza de bondad en su lengua» (Proverbios 31:26). ¿Qué me dices de ti? ¿En qué lugar del medidor de amabilidad te colocaría tu cónyuge? ¿Cuán severo eres? ¿Cuán dulce y servicial? ¿Esperas que te pidan las cosas o tomas la iniciativa para ayudar? No esperes que tu cónyuge sea amable primero. Que dar el primer paso se convierta en tu misión diaria.

Es difícil demostrar amor cuando tienes poco o nada de motivación. Sin embargo, el verdadero amor no se apoya en sentimientos, sino que decide manifestar amabilidad aunque parezca no haber recompensa. Nunca aprenderás a amar hasta que aprendas a ser amable. Eso ante todo.

EL DESAFÍO DE HOY

Hoy también, además de no decirle nada negativo a tu cónyuge, ten al menos un gesto inesperado como acto de amabilidad.

__ Haz una marca aquí cuando hayas completado el desafío de hoy.

¿Qué descubriste hoy sobre el amor? ¿Qué hiciste, en concreto, en este desafío? ¿Cómo demostraste amabilidad? ¿Cómo puedes lograr que esto se transforme en un hábito cotidiano?

Lo que es deseable en un hombre es su bondad... (Proverbios 19:22)

«Había olvidado cómo amar y ser amada. Estoy en el día 2 y ya comienzo
a ver la luz otra vez». —Sabrina

Día 3
El amor no es egoísta

Sed afectuosos unos con otros con amor fraternal;
con honra, daos preferencia unos a otros.
—Romanos 12:10

El egoísmo y el amor están en permanente oposición. Mientras el amor nos pide que nos neguemos a nosotros mismos por el bien de otra persona, el egoísmo nos apremia a concentrarnos en nuestras necesidades a expensas de los demás. El egoísmo es como una enfermedad que ahoga nuestra capacidad de amar. Cuando escogemos centrarnos en nosotros mismos, nos volvemos cada vez *más difíciles de tratar*: más dependientes, demasiado susceptibles y exigentes. Entonces, cuando las cosas no salen como esperamos, juzgamos a los demás con dureza sin ver nuestras fallas.

Por desgracia, vivimos en un mundo prendado de sí mismo. La cultura nos enseña a concentrarnos en nuestra apariencia, sentimientos y deseos personales como si fueran la prioridad fundamental. Miramos con desdén esta cualidad en los demás, pero la justificamos en nuestro caso. «Me merezco…», «espero…», y «quiero…» son bocadillos con los que alimentamos el egoísmo.

Lamentablemente, todos traemos arraigado el egoísmo desde el nacimiento. Puedes verlo en el comportamiento de los niños y, a menudo, en el maltrato entre adultos. El origen de casi todo acto pecaminoso puede encontrarse en una motivación egoísta. Y sus peligros se vuelven dolorosamente evidentes una vez dentro de la relación matrimonial.

El matrimonio pone en evidencia nuestro egoísmo. Cuando un esposo coloca sus intereses, deseos y prioridades antes que a su esposa, demuestra abiertamente su egoísmo. Cuando una esposa se queja sin parar del tiempo y la energía que gasta para satisfacer las necesidades de su esposo, revela su egoísmo. El mal humor y la queja son egoísmo disfrazado. La pereza y la irresponsabilidad son otras máscaras que usa. Jactarse y hacer alarde. Enojarse con facilidad. Hablar demasiado. No escuchar nunca. La lista sigue y sigue. Aun los actos de generosidad pueden ser egoístas si la motivación es jactarse o recibir una recompensa.

Al leer esto, ¿te concentraste en la tendencia de tu cónyuge de hacer algunas de estas cosas, pero ignoraste la tuya? ¿Por qué tenemos parámetros tan bajos para nosotros mismos y expectativas tan altas para nuestro cónyuge? La respuesta es cruda: *todos luchamos con el egoísmo*.

En resumen: tomas decisiones por amor a otros o por amor a ti mismo.

Pero el amor «no busca lo suyo» (1 Corintios 13:5). Lo hermoso de esto es que encuentra su satisfacción en el bienestar de los demás. Las personas amorosas en matrimonios llenos de amor están decididas a bajar la cabeza y cuidar al otro ser humano imperfecto con el que decidieron compartir la vida. Comprenden que, al casarse, se entregan por completo y resignan el derecho a vivir para sí mismos. Se trata de poner la felicidad del otro antes que la propia.

Elegir amar a tu cónyuge hará que digas «no» a lo que quieres para poder decir «sí» a lo que el otro necesita. No quiere decir que nunca puedas satisfacerte, pero no invalidas la felicidad de tu cónyuge para poder disfrutar personalmente.

Además, el amor trae libertad interior. Ayuda a liberarse de la ansiedad que producen las expectativas poco realistas y las exigencias insatisfechas. Cuando le das prioridad al bienestar de tu cónyuge, hay una satisfacción que las acciones egoístas no pueden reproducir.

Siempre da placer estar con individuos abnegados. Son los mejores amigos y cónyuges. Están dispuestos a dejar de lado sus celos y exigencias para perderse en el gozo de amar, servir y dar a los demás. En la práctica, esto suele significar permitirle unos segundos a tu cónyuge para ir primero, hablar primero o que lo sirvan primero. Cuanto más aprendas a resistir tu naturaleza egoísta, más fuerte, amoroso y feliz serás.

Nadie te conoce tan bien como tu cónyuge. Esto significa que nadie reconocerá con mayor rapidez un cambio cuando, en forma deliberada, comiences a sacrificar tus necesidades y deseos para asegurarte de que los del otro se satisfagan. Tu esfuerzo puede ser recibido con calidez o con silenciosa sospecha, pero sin duda, tu cónyuge lo notará.

Si el desafío de hoy te resulta difícil de digerir, y te frustra la idea de sacrificar tus deseos para beneficiar a tu cónyuge, quizás tengas un problema más profundo con el egoísmo de lo que quieres admitir.

Hazte las siguientes preguntas:

- ¿En verdad quiero lo mejor para mi cónyuge?
- ¿Quiero que sienta que lo amo?
- ¿Creerá que quiero lo mejor para él?
- ¿Me percibe como alguien que primero busca su propio bienestar o el de él?

Recuerda, tu cónyuge también tiene el desafío de aprender a amar a una persona egoísta. Pero no esperes a que se *gane* tu amor. Decide ser el primero en demostrarle el verdadero amor, con plena conciencia de lo que haces. Muéstrale cómo es, con tu ejemplo inesperado. Y al final, los dos se sentirán más satisfechos.

«Nada hagáis por egoísmo o por vanagloria, sino que con actitud humilde cada uno de vosotros considere al otro como más importante que a sí mismo» (Filipenses 2:3).

EL DESAFÍO DE HOY

LAS COSAS A LAS QUE LES DEDIQUES TU
TIEMPO, ENERGÍA Y DINERO COBRARÁN MÁS
IMPORTANCIA PARA TI. ES DIFÍCIL QUE TE
IMPORTE ALGO EN LO QUE NO INVIERTES.
ADEMÁS DE REFRENARTE DE COMENTARIOS
NEGATIVOS, CÓMPRALE ALGO A TU CÓNYUGE
QUE LE COMUNIQUE: «HOY ESTUVE PENSANDO
EN TI».

__ Haz una marca aquí cuando hayas completado el desafío
de hoy.

¿Qué elegiste regalarle a tu cónyuge? ¿Qué sucedió cuando
se lo diste? ¿Cómo respondió?

*Porque donde hay celos y ambición personal, allí hay confusión
y toda cosa mala. (Santiago 3:16)*

«Por primera vez en la vida, estoy haciendo lo correcto. En verdad, estoy aprendiendo a amar a mi esposa y descubriendo cuánto la amo». —Joel

Día 4
El amor es reflexivo y considerado

¡Cuán preciosos también son para mí […] tus pensamientos!
¡Cuán inmensa es la suma de ellos! Si los contara, serían
más que la arena… —Salmo 139:17-18

El amor piensa. No es un sentimiento mecánico que fluye en oleadas, desconectado de la mente. Es reflexivo, porque sabe que los pensamientos amorosos anteceden a las acciones amorosas.

Al principio, cuando te enamoraste, te resultaba natural ser reflexivo. Pasabas horas soñando con tu ser amado, te preguntabas qué estaría haciendo, ensayabas cosas admirables para decir y luego disfrutabas los dulces recuerdos de los momentos que pasaban juntos. Confesabas con sinceridad: «No puedo dejar de pensar en ti».

No obstante, para la mayoría de las parejas, las cosas comienzan a cambiar después de casarse. La esposa al fin tiene a su hombre; el esposo tiene su trofeo. La búsqueda y la cacería terminaron. Las chispas del romance se consumen hasta transformarse en brasas grisáceas y la motivación para la reflexión se enfría. Poco a poco, tu atención se vuelca a tu trabajo, tus amigos, tus problemas, tus deseos personales… a ti mismo. Luego de un tiempo, empiezas a ignorar las necesidades de tu pareja sin darte cuenta.

Pero lo cierto es que el matrimonio ha añadido otra persona a tu universo. Por lo tanto, si tu forma de pensar no madura lo suficiente como para incluir a tu cónyuge en forma constante, las situaciones te sorprenderán y perderás la oportunidad de ser considerado.

«¿Hoy es nuestro aniversario?».

«No me pareció que tenía que consultarte en esa decisión».

«No entiendo por qué te enojas».

Si no aprendes a ser considerado, terminas perdiendo oportunidades para demostrar amor. La falta de consideración es un enemigo silencioso para una relación amorosa.

Seamos sinceros. Los hombres luchan con la desconsideración más que las mujeres. Un hombre puede concentrarse como un láser en una cosa y olvidarse del resto del mundo. Aunque esto puede ser beneficioso por un lado, también puede hacer que pase por alto otras cuestiones que necesitan su atención.

Por otro lado, la mujer puede prestar atención a varios asuntos y estar pendiente en forma increíble de varios factores a la vez. Puede hablar por teléfono, cocinar, saber en dónde se encuentran los hijos en la casa y preguntarse por qué su esposo no la ayuda… todo al mismo tiempo. Además, la mujer suele pensar en forma relacional. Mientras hace algo, es consciente de todas las personas vinculadas a esa tarea.

Estas dos tendencias son ejemplos de cómo Dios diseñó a la mujer para que completara al hombre. Como declaró Dios en la creación: «No es bueno que el hombre esté solo; le haré una ayuda idónea» (Génesis 2:18). Sin embargo, estas diferencias también crean oportunidades para malentendidos.

Por ejemplo, los hombres tienden a pensar en forma de titulares y a decir exactamente lo que piensan. No se necesita demasiado para comprender el mensaje; sus palabras son más literales y no hay que analizarlas demasiado. Las mujeres, por el contrario, suelen pensar y hablar entre líneas. Tienden a insinuar. A menudo, los hombres deben escuchar lo implícito para comprender todo el mensaje.

Si una pareja no entiende estas diferencias, las consecuencias pueden ser desacuerdos interminables. Él se siente frustrado y se pregunta por qué su esposa habla con acertijos en vez de expresarse sin rodeos. Ella se siente frustrada y se pregunta por qué su esposo es tan desconsiderado y no ata cabos para comprenderla.

La mujer anhela profundamente que su esposo sea considerado y reflexivo. Esto es clave para ayudarla a sentirse amada. Cuando ella habla, el hombre sabio escucha como un detective para descubrir las necesidades y los deseos tácitos que insinúan sus palabras. Sin embargo, si ella siempre tiene que decirle cómo son las cosas, se pierde la oportunidad de que el esposo demuestre que la ama.

Esto también explica por qué las mujeres se enojan con sus esposos sin decirles por qué. Ella piensa: «No debería tener que explicarle todo. Él tendría que poder darse cuenta de lo que sucede». Al mismo tiempo, el esposo sufre porque no puede leerle la mente a ella y se pregunta por qué se lo castiga por un crimen que no sabe que cometió.

El amor exige consideración (de ambas partes); la clase de consideración que cierra brechas mediante la combinación constructiva de la paciencia, la amabilidad y la abnegación. El amor te enseña a llegar a un acuerdo, a respetar y valorar la manera única en que piensa tu cónyuge.

El esposo debería escuchar a su esposa y aprender a considerar sus mensajes tácitos. La esposa debería aprender a comunicarse con sinceridad y no decir una cosa cuando en realidad quiere decir otra. Sin embargo, es fácil enojarse y frustrarse, y seguir el patrón destructivo de «preparen, apunten, ¡fuego!». En el momento, hablas con dureza, y no reflexionas sobre tus palabras sino hasta más tarde. Por el contrario, la naturaleza reflexiva del amor enseña a usar la mente antes de la boca. El amor piensa antes de hablar. Filtra las palabras a través de una malla de verdad y bondad.

¿Cuándo fue la última vez que pasaste algunos minutos pensando cómo podrías comprender mejor a tu cónyuge y demostrarle amor? ¿Qué necesidad inmediata podrías satisfacer? ¿Para qué acontecimiento próximo (aniversario, cumpleaños, día festivo) podrías prepararte? Los grandes matrimonios surgen de la reflexión profunda.

EL DESAFÍO DE HOY

PONTE EN CONTACTO CON TU CÓNYUGE EN ALGÚN MOMENTO DEL DÍA. SIN NINGUNA OTRA INTENCIÓN, PREGÚNTALE CÓMO ESTÁ Y SI PUEDES HACER ALGO POR ÉL.

__ Haz una marca aquí cuando hayas completado el desafío de hoy.

¿Qué aprendiste de ti mismo o de tu cónyuge con el desafío de hoy? ¿Cómo podría transformarse en una parte más natural, rutinaria y sumamente útil de tu estilo de vida?

Doy gracias a mi Dios siempre que me acuerdo de vosotros. (Filipenses 1:3)

«Ahora, en lo único que pienso es en cómo hacerle sentir mi amor por ella».
—Sebastián

Día 5
El amor no es grosero

Al que muy de mañana bendice a su amigo en alta voz,
le será contado como una maldición. —Proverbios 27:14

Nada irrita más rápido a los demás como la mala educación. Ser grosero significa decir o hacer algo innecesario que le resulte desagradable a quien esté cerca. Es actuar en forma indecorosa, vergonzosa o irrespetuosa. En el matrimonio, podría tratarse de insultar, tener malos modales en la mesa o el hábito de hacer bromas sarcásticas. Desde cualquier punto de vista, a nadie le gusta estar cerca de una persona grosera. La conducta grosera puede parecerle insignificante a quien la practica, pero es desagradable para los que están cerca.

Como siempre, el amor tiene algo para decir al respecto. Cuando un hombre es impulsado por el amor, se comporta en forma intencional como a la esposa le resulte más agradable. Si ella desea amarlo, resuelve evitar lo que lo frustra y le molesta.

En pocas palabras: *el amor genuino cuida sus modales.*

Adoptar este concepto podría traer aire fresco a tu matrimonio. Los buenos modales le expresan a tu cónyuge: «Te valoro lo suficiente como para ejercer algo de dominio propio cerca de ti. Quiero ser una compañía agradable». Cuando permites que el amor cambie tu conducta (aunque sea de la manera más insignificante), restauras una atmósfera de honorabilidad en la relación. Por lo general, las personas con buenos modales aumentan el nivel de respeto en su entorno.

Casi siempre, los modales que empleas en tu casa son totalmente distintos a los que usas con tus amigos, o incluso con extraños. En tu casa, puedes gritar o poner mala cara, pero si suena el timbre, abres con una gran sonrisa y suma amabilidad. Sin embargo, si te atreves a amar, también querrás dar lo mejor de ti a los tuyos.

Si no dejas que el amor te motive a realizar los cambios necesarios en tu conducta, limitarás en forma innecesaria la calidad y el disfrute de tu relación matrimonial. Cuanto más respetuoso y honorable sea tu comportamiento, tu cónyuge te verá más atractivo e interesante en el ámbito romántico.

Las mujeres suelen ser mucho mejores que los hombres con ciertos modales, ya que su femineidad las hace naturalmente más delicadas y elegantes. Como los hombres se sienten atraídos a personas que les demuestran respeto, la decisión de una mujer de adornar su manera de hablar con un tono respetuoso es sumamente eficaz para ganar el corazón de su esposo, persuadirlo y ayudarlo a sentir su amor. Por el contrario, la esposa puede ser muy descortés si hace sentir inferior a su esposo, ignora sus decisiones o se vuelve argumentativa. El rey Salomón declaró: «Más vale habitar en un rincón de la azotea que compartir el techo con mujer pendenciera» (Proverbios 25:24, NVI).

No obstante, los hombres son en especial quienes necesitan aprender esta importante lección sobre los modales. No demostramos amor a nuestras esposas si las tratamos como a «uno más de los muchachos» en lugar de como a la dama que hemos decidido amar y valorar sobre todas las demás. Un esposo muestra gran fortaleza al honrar a su esposa practicando el auto control en vez de hacer lo que dictan sus sentimientos. La Biblia dice: «Bien le va al hombre que se apiada» (Salmo 112:5). El hombre discreto averiguará qué es lo apropiado y ajustará su conducta en consecuencia.

Hay dos razones principales por las que la gente es grosera: la *ignorancia* y el *egoísmo*. Por supuesto, ninguna de las dos es buena. Los niños nacen sin saber nada sobre buenos modales, y necesitan mucha ayuda y enseñanza. Pero una simple lección de etiqueta básica puede ayudarlos muchísimo a aprender discreción. Los adultos, por otro lado, demuestran su ignorancia de otra manera. Conocemos las reglas, pero podemos no darnos cuenta de cómo las rompemos o ser demasiado egoístas como para que nos importe. De hecho, quizás no veamos cuán desagradable puede ser vivir con nosotros.

Ponte a prueba con las siguientes preguntas:

- ¿Qué piensa tu cónyuge sobre tu manera de hablar y actuar cuando estás cerca?
- ¿Qué efecto tiene tu conducta en la valía y la autoestima de tu pareja?
- ¿Tu cónyuge diría que eres una bendición o que lo haces sentir inferior y lo avergüenzas?

Si piensas que tu cónyuge (y no tú) es quien tiene que hacer cambios en esta área, es probable que sufras de un caso de ignorancia sin diagnosticar, con efectos secundarios de egoísmo. Recuerda, el amor no es grosero, sino que te lleva a obrar con principios superiores.

¿Te gustaría que tu cónyuge dejara de hacer todo eso que te molesta? Entonces, es hora de dejar de hacer todo lo que le molesta al otro. ¿Serás lo suficientemente considerado y amoroso como para descubrir y evitar la conducta que le resulta desagradable? ¿Te atreverás a ser encantador?

Aquí hay tres principios orientadores para practicar buenos modales en el matrimonio:

1. *Respeta la regla de oro.* Trata a tu cónyuge como quieres que te trate (ver Lucas 6:31).
2. *Nada de criterios distintos.* Ten la misma consideración con tu cónyuge que con extraños, amigos y compañeros de trabajo.
3. *Cumple las peticiones.* Considera lo que tu esposo o esposa ya te ha pedido que hagas o que no hagas. Si tienes dudas, pregunta.

EL DESAFÍO DE HOY

PÍDELE A TU CÓNYUGE QUE TE DIGA TRES CUESTIONES QUE LE INCOMODAN O LE IRRITAN DE TI. DEBES HACERLO SIN ATACAR NI JUSTIFICAR TU CONDUCTA. SU PERSPECTIVA ES LO IMPORTANTE EN ESTE CASO.

__ Haz una marca aquí cuando hayas completado el desafío de hoy.

¿Qué señaló tu cónyuge sobre ti y que necesitas cambiar? ¿Cómo actuaste al escuchar? ¿Qué planeas hacer para mejorar esas áreas?

Llenas de gracia son las palabras de la boca del sabio… (Eclesiastés 10:12)

«Hace solo cinco días que comencé El desafío del amor, pero ya veo un cambio importante en mí, y me gusta el nuevo yo». —Cristian

Día 6
El amor no se irrita

Mejor es el lento para la ira que el poderoso, y el que domina
su espíritu que el que toma una ciudad.
—Proverbios 16:32

El amor es tardo para ofenderse y rápido para perdonar. ¿Con cuánta facilidad te irritas y te ofendes? Algunos tienen el siguiente lema: «Nunca dejes pasar una oportunidad para enojarte con tu cónyuge». Cuando algo va mal, aprovechan la situación con rapidez y expresan lo heridos o frustrados que se encuentran. Sin embargo, esta reacción es opuesta al amor.

Ser *irritable* significa «estar cerca de la punta de un cuchillo». Es fácil pincharse. Las personas irritables están siempre cargadas y listas para reaccionar en forma exagerada.

Cuando se encuentra bajo presión, el amor no se derrumba. Los problemas menores no producen reacciones extremas. El amor no se enoja ni se siente herido a menos que haya una razón legítima y justa a los ojos de Dios. Un esposo amoroso permanece tranquilo y paciente, demuestra misericordia y controla su carácter. La ira y la violencia ni siquiera son una opción. Una esposa amorosa no es demasiado susceptible ni malhumorada, sino que domina sus emociones. Decide ser la flor entre las espinas y responder bien en situaciones difíciles.

Si caminas bajo la influencia del amor, serás una fuente de gozo en lugar de una molestia. Pregúntate: «¿Soy una brisa tranquilizadora o una tormenta inminente?».

¿Por qué las personas se vuelven irritables? Hay al menos dos razones clave:

En primer lugar, *el estrés*. El estrés es agobiante, agota la energía, debilita la salud e invita al mal humor. Puede producirse por causas *relacionales*: discusiones, división y amargura. Hay causas *por exceso*: trabajar demasiado, exagerar y gastar demasiado. Otro causal puede ser *deficiencias*: no obtener suficiente descanso, nutrición o ejercicio. A menudo, nosotros mismos nos clavamos estos puñales que nos predisponen a estar irritables.

La vida es un maratón, no una carrera corta de velocidad. Debes equilibrar, priorizar y controlarte. Demasiadas veces, echamos la precaución por la borda y avanzamos a toda velocidad, según nos parece bien en el momento. Al poco tiempo, estamos jadeando, tensos y a punto de estallar. La presión creciente puede desgastar nuestra paciencia y nuestra relación.

La Biblia puede ayudarte a evitar el estrés insalubre. Te enseña a dejar que el amor guíe tus relaciones interpersonales para que no tengas discusiones innecesarias (Colosenses 3:12-14); a orar en medio de la ansiedad en lugar de resolver las cosas a tu manera (Filipenses 4:6-7). También te enseña a delegar cuando estás agotado (Éxodo 18:17-23) y a evitar los abusos (Proverbios 25:16).

Además, te exhorta a tomar un día de reposo todas las semanas para adorar y descansar. Esto tiene la ventaja de darte tiempo para recargarte y volver a concentrarte, y le añade un respiro o un margen a tu agenda semanal. Establecer estos recreos y espacios extras es como colocar almohadones entre tú y las presiones que te rodean, lo cual reduce el estrés que te hace estar con los pelos de punta cerca de tu cónyuge.

Sin embargo, hay una segunda razón, más profunda, por la cual puedes volverte irritable: *el egoísmo*. Cuando estás irritable, el principal problema está en el corazón. Jesús dijo: «De la abundancia del corazón habla la boca» (Mateo 12:34, RVR1995). Algunas personas son como los limones: cuando la vida los exprime, su respuesta es ácida. Otras se parecen más a los duraznos: cuando hay presión, el resultado aún es dulce.

Enojarse con facilidad indica que hay un área escondida de egoísmo o inseguridad en donde se supone que debería reinar el amor. Además, el egoísmo se coloca muchas otras máscaras.

La *lujuria*, por ejemplo, es resultado de ser desagradecido por lo que tienes y elegir codiciar algo prohibido o arder de pasión por conseguirlo. Cuando tu corazón es lujurioso, se frustra y enoja con facilidad (Santiago 4:1-3). La *amargura* se arraiga cuando respondes de manera sentenciosa y rehúsas resolver tu enojo. El enojo sin resolver de una persona amargada se filtra cuando se la provoca (Efesios 4:31). La *codicia* de más dinero y posesiones hará que te frustres con deseos insatisfechos (1 Timoteo 6:9-10). Estos anhelos intensos, junto con la insatisfacción, te llevan a arremeter contra cualquiera que se interponga en tu camino. El *orgullo* hace que actúes con dureza para proteger tu ego y tu reputación. El *temor* a la vergüenza te lleva a reaccionar en forma exagerada.

Estas motivaciones nunca pueden satisfacerse. Pero cuando el amor entra a tu corazón, te tranquiliza y te inspira a dejar de concentrarte en ti mismo, y a despojarte de las cosas innecesarias.

El amor te llevará a perdonar en lugar de guardar rencor, a ser agradecido en lugar de codicioso, a conformarte en lugar de endeudarte más. El amor te alienta a ser feliz cuando otra persona tiene éxito en vez de no poder dormir de la envidia. Te susurra: «comparte la herencia», en lugar de «pelea con tus parientes». Te recuerda que le des prioridad a la familia en vez de sacrificarla por un ascenso en el trabajo. En última instancia, el amor disminuye tu estrés en cada decisión y te ayuda a despedir el veneno que puede acumularse en el interior. Luego, te prepara el corazón para responder frente a tu cónyuge con paciencia y aliento en lugar de enojo y exasperación.

EL DESAFÍO DE HOY

FRENTE A LAS CIRCUNSTANCIAS DIFÍCILES EN TU MATRIMONIO, DECIDE REACCIONAR CON AMOR EN VEZ DE IRRITACIÓN. EN PRIMER LUGAR, ELABORA MÁS ABAJO UNA LISTA DE ÁREAS EN LAS QUE NECESITES AÑADIR UN MARGEN EN TU AGENDA. LUEGO, ENUMERA CUALQUIER MOTIVACIÓN EQUIVOCADA QUE DEBAS ELIMINAR DE TU VIDA.

__ Haz una marca aquí cuando hayas completado el desafío de hoy.

¿En dónde necesitas añadir un margen en tu vida? ¿Cuándo reaccionaste en forma exagerada últimamente? ¿Cuál fue tu verdadera motivación? Considera qué cosas «buenas» puedes dejar de lado para tener la libertad de priorizar otras «mejores». ¿Qué decisiones tomaste hoy?

... me esfuerzo por conservar siempre una conciencia irreprensible delante de Dios y delante de los hombres. (Hechos 24:16)

«Este libro me ayuda día a día a ser paciente y amable,
y a dirigir mi corazón al amor». —Jazmín

DÍA 7
El amor cree lo mejor

[El amor] *todo lo cree, todo lo espera…*
—1 Corintios 13:7

En los pasillos profundos y privados de tu corazón, hay una habitación. Se llama la «habitación del reconocimiento». Allí van tus pensamientos cuando descubres cosas positivas y alentadoras sobre tu cónyuge. Y de vez en cuando, te gusta visitar este lugar especial.

En las paredes, hay palabras y frases amables que describen sus buenos atributos. Entre ellos, puede haber características como «sincero» e «inteligente», o frases como «trabajador diligente», «excelente cocinero» o «hermosos ojos». Son cualidades que has descubierto con respecto a tu esposo o esposa y que se han grabado en tu memoria. Cuando piensas en ellas, comienzas a apreciar más a tu cónyuge. En realidad, cuanto más meditas en estos atributos positivos, más agradecido te sientes por él.

Probablemente, la mayoría de las cosas de la habitación del reconocimiento se hayan escrito en las primeras etapas de tu relación. Podrías resumirlas como lo que te gustaba y respetabas de tu amado. Cada inscripción era real, honorable y buena. Y pasabas mucho tiempo en esta habitación pensando en ellas… antes de casarte. Sin embargo, quizás te des cuenta de que ya no visitas este cuarto especial con la misma frecuencia que antes. Esto se debe a que hay otra habitación cercana que compite con él.

Al final de otro pasillo oscuro de tu corazón, se encuentra la «habitación del menosprecio», y por desgracia, también la visitas. En sus paredes, está escrito todo lo que te molesta y te irrita de tu cónyuge. Colocaste estas palabras y opiniones allí por frustración, sentimientos heridos y desilusión de las expectativas incumplidas.

La habitación está cubierta de las debilidades y los fracasos de tu cónyuge. Sus malos hábitos, sus palabras hirientes y las malas decisiones están escritos con letras grandes que la cubren de pared a pared. Si permaneces lo suficiente en este cuarto, te deprimes y comienzas a expresar frases como: «Qué egoísta que es mi esposa» o «a veces, mi esposo se comporta como un idiota». O quizás: «Creo que me casé con la persona equivocada».

Algunos escriben frases cargadas de odio en esta habitación, y se ensayan los reproches para la próxima discusión. Allí las heridas emocionales se infectan y añaden más comentarios mordaces sobre las paredes, se guardan las municiones para la próxima gran pelea y la amargura se propaga como una enfermedad. Las personas se desenamoran en este lugar.

Pero debes saber lo siguiente: la habitación del menosprecio es el lugar donde se destruyen los matrimonios. Allí se maquinan divorcios y se idean planes violentos. Cuanto más tiempo pasas en este lugar, tu corazón más deprecia a tu cónyuge. Esto comienza apenas entras, y el cariño por tu esposo o esposa disminuye con cada segundo que pasa.

Tal vez, digas: «¡Pero estas cuestiones son reales!». Es cierto, pero también lo son las que se encuentran en la habitación del reconocimiento. Todo el mundo fracasa y tiene áreas que necesitan crecimiento. Cada persona tiene asuntos sin resolver, heridas y un bagaje personal. Es un aspecto triste de ser humano. Todos hemos pecado; pero lamentablemente, tendemos a minimizar nuestros atributos negativos mientras colocamos bajo la lupa las fallas de nuestro cónyuge.

Vayamos a la verdadera cuestión. El amor conoce la habitación del menosprecio y no niega que existe.

Pero el amor decide no vivir allí.

Debes tomar la determinación de dejar de correr a esta habitación y pasar tiempo allí luego de cada incidente frustrante en tu relación. No te hace bien y consume la alegría de tu matrimonio.

El amor decide creer lo mejor de las personas. Les otorga el beneficio de la duda. Se niega a completar lo que ignora con suposiciones negativas. Y cuando se materializan nuestros mayores temores, el amor hace todo lo posible por enfrentarlos y seguir adelante. El amor hace todo lo posible para concentrarse en lo positivo.

Es hora de comenzar a pensar de otra manera, de dejar que el amor guíe tus pensamientos. La única razón por la que deberías echar un vistazo a la habitación del menosprecio es para saber cómo orar por tu cónyuge. Y solo deberías entrar para escribir «CUBIERTO POR AMOR» con letras inmensas en las paredes.

Es hora de que pases a la habitación del reconocimiento, te instales y la transformes en tu hogar. Al decidir meditar en todo lo positivo, descubrirás que se podrían escribir muchas más cualidades maravillosas de carácter en estas paredes. Tu cónyuge es un libro vivo que puedes leer y leer. Hay sueños y esperanzas por cumplir; talentos y habilidades que pueden ser descubiertos, como un tesoro escondido. Sin embargo, la posibilidad de explorar esas cualidades comienza con una decisión de tu parte.

Debes desarrollar el hábito de refrenar tus pensamientos negativos y concentrarte en los atributos positivos de tu esposo o esposa. Es un paso crucial para aprender a guiar tu corazón a amar de verdad a tu cónyuge. Es una decisión que debes tomar, sin importar si lo merece o no.

EL DESAFÍO DE HOY

BUSCA DOS HOJAS DE PAPEL. EN LA PRIMERA, DEDICA ALGUNOS MINUTOS PARA ESCRIBIR CUALIDADES POSITIVAS DE TU CÓNYUGE. LUEGO, HAZ LO MISMO CON LOS ASPECTOS NEGATIVOS EN LA SEGUNDA HOJA. COLOCA LAS DOS HOJAS EN UN LUGAR SECRETO PARA OTRO DÍA. HAY UN PROPÓSITO Y UN PLAN DISTINTO PARA CADA UNA. EN ALGÚN MOMENTO DURANTE EL RESTO DEL DÍA, ELIGE UN ATRIBUTO POSITIVO DE LA PRIMERA LISTA Y DALE GRACIAS A TU CÓNYUGE POR DEMOSTRAR ESA CARACTERÍSTICA.

___ Haz una marca aquí cuando hayas completado el desafío de hoy.

¿Qué lista te resultó más fácil hacer? ¿Qué reveló sobre tus pensamientos?

¿Por qué atributo le diste gracias a tu cónyuge?

… si algo digno de alabanza, en esto pensad. (Filipenses 4:8, RVR1995)

«Desperdicié tantos años analizando sus errores bajo la lupa, que me perdí
el maravilloso jardín que florecía a mi alrededor». —Micaela

DÍA 8
El amor no es celoso

… fuerte como la muerte es el amor, inexorables como el Seol,
los celos; sus destellos, destellos de fuego…
—Cantar de los Cantares 8:6

Los celos son uno de los impulsos más fuertes que el hombre conoce. La raíz de «celos» proviene del latín, *zélus*, que significa «arder con un fuego intenso». Las Escrituras dicen con claridad: «Cruel es el furor e inundación la ira; pero ¿quién se mantendrá ante los celos?» (Proverbios 27:4).

En realidad, existen dos formas: los celos *legítimos*, que se fundamentan en el amor, y los *ilegítimos*, que surgen de la envidia. Los celos legítimos se despiertan cuando alguien a quien amas y que te pertenece aleja su corazón y te reemplaza con otra persona. Si una esposa tiene una aventura amorosa y se entrega a otra persona, su esposo puede tener un enojo celoso justificado, debido a su amor por ella. Anhela recuperar lo que le pertenece por derecho.

La Biblia dice que Dios tiene esta clase de celo justo por Su pueblo. No es que tenga *envidia* de nosotros y que quiera lo que tenemos (porque ya es dueño de todo), sino que nos *anhela* profundamente y desea ser nuestro primer amor. Sabe que Él es nuestra mayor esperanza y el único que puede satisfacer nuestras necesidades más profundas. Así que no quiere que dejemos que nada sea más importante que Él en nuestro corazón. La Biblia nos advierte sobre no adorar ninguna otra cosa que no sea Él, porque «el Señor vuestro Dios es fuego consumidor, un Dios celoso» (Deuteronomio 4:24).

Con este concepto en mente, nos concentraremos en la clase ilegítima de celos que se opone al amor: la que se arraiga en el egoísmo. Se trata de estar celoso *de* alguien, motivado por la envidia.

¿Te cuesta no tener celos de los demás? Tu amiga es más popular, así que la odias. Tu compañero de trabajo obtiene el ascenso, y no puedes dormir esa noche. Quizás no haya hecho nada malo, pero su éxito te produce amargura. Se dice que los demás celebran el éxito de una persona, siempre y cuando no sobrepase el de ellos.

Los celos son una lucha común. Se disparan cuando otra persona te eclipsa y obtiene algo que tú quieres. Esto puede ser sumamente doloroso, según tu nivel de egoísmo. En lugar de felicitarla, echas chispas y piensas mal de ella. Si no tienes cuidado, los celos se deslizan como una víbora en tu corazón y atacan tus motivaciones y tus vínculos. Pueden envenenarte y evitar que tengas la vida de amor que Dios diseñó para ti.

Si no disipas tu enojo aprendiendo a amar a los demás, quizás, con el tiempo, comiences a conspirar contra ellos. La Biblia afirma que la envidia lleva a las peleas, a las riñas y a toda cosa mala (Santiago 3:16; 4:1-2).

En las Escrituras, podemos observar una sucesión de celos violentos. Provocaron el primer asesinato cuando Caín despreció que Dios aprobara la ofrenda de su hermano. Sara despidió a su sierva Agar porque podía tener hijos y ella no. Los hermanos de José se dieron cuenta de que era el preferido de su padre, así que lo arrojaron a un pozo y lo vendieron como esclavo. Jesús era más amoroso, poderoso y popular que los sumos sacerdotes, de modo que, por envidia, tramaron traicionarlo y crucificarlo.

En general, los extraños no te producen celos. Sueles sentirte tentado a tenerlos de los que están en tu mismo ámbito. Trabajan en tu oficina, están en tu equipo, se mueven en tu círculo… o viven en tu casa. Sí, si no tienes cuidado, los celos también pueden infectar tu matrimonio.

Cuando te casaste, se te asignó la tarea de transformarte en el mayor animador de tu cónyuge y en el capitán de su club de admiradores. Los dos se transformaron en *uno* en esta vida, y tienen que participar del placer del otro. No obstante, si reinan los celos, cualquier cosa buena que le suceda a solo uno de ustedes puede despertar la envidia en lugar de generar felicitaciones.

Quizás él disfrute de jugar al golf durante el fin de semana mientras ella se queda en casa limpiando. Le cuenta a su esposa que hizo muchos hoyos y ella tiene ganas de meterlo en un hoyo *a él*.

O tal vez, a ella la invitan constantemente a salir con amigas mientras que el esposo se queda en casa con el perro. Si no tiene cuidado, él puede tener celos de la popularidad de su esposa, y a ella puede terminar molestándole la lealtad de su esposo hacia el perro.

Como el amor no es egoísta y coloca a los demás en primer lugar, no deja que entren los celos. El amor te lleva a celebrar los éxitos de tu cónyuge en lugar de sentirte contrariado por ellos. A un hombre amoroso no le molesta que su esposa sea mejor en algo, se divierta más o reciba más elogios. Percibe que lo completa y no que compite con él.

Cuando él recibe elogios, le agradece a su esposa en forma pública por su apoyo al ayudarlo a alcanzar el éxito. Se niega a alardear de un modo que moleste a su esposa. Una mujer amorosa será la primera en alentar a su marido cuando tenga éxito. No compara su debilidad con los puntos fuertes de él. Celebra en lugar de tener lástima de sí misma.

Es hora de dejar que el amor, la humildad y la gratitud destruyan todo celo que surja en tu corazón. Llegó el momento de permitir que los logros de tu cónyuge los unan y les den mayores oportunidades para encender la música y festejar a lo grande.

EL DESAFÍO DE HOY

DECIDE TRANSFORMARTE EN EL MAYOR ADMIRADOR DE TU CÓNYUGE Y RECHAZAR CUALQUIER PENSAMIENTO DE CELOS. PARA INCLINAR TU CORAZÓN A TU CÓNYUGE Y CONCENTRARTE EN SUS LOGROS, TOMA LA LISTA DE ATRIBUTOS NEGATIVOS QUE HICISTE AYER Y QUÉMALA CON DISCRECIÓN. LUEGO, DILE A TU CÓNYUGE CUÁNTO TE ALEGRA ALGO QUE HAYA LOGRADO HACE POCO, O ALGÚN BENEFICIO QUE HAYA RECIBIDO.

__ Haz una marca aquí cuando hayas completado el desafío de hoy.

¿Te resultó difícil destruir la lista? ¿Qué experiencias positivas puedes celebrar de la vida de tu cónyuge? ¿Cómo puedes alentarlo para que tenga éxito en el futuro?

_____

_____

_____

_____

_____

_____

_____

Gozaos con los que se gozan y llorad con los que lloran. (Romanos 12:15)

«No tenía idea de que descubriría tanto sobre mí misma en este proceso».
—Catalina

DÍA 9
El amor causa una buena impresión

Saludaos unos a otros con un beso de amor.
—1 Pedro 5:14

Los reyes hacen reverencias; los soldados, un saludo militar. Los conocidos saludan agitando la mano; los amigos se dan la mano. Los familiares se abrazan; los que se aman se besan. Los saludos nos proporcionan maneras dinámicas de encontrarnos con el otro y demostrar afecto y respeto adecuados. Cada saludo depende de la naturaleza y la cercanía de cada relación.

¿Sabías que puede decirse mucho sobre el estado actual de un matrimonio por la manera en que se saludan? Puede verse en la sonrisa de ella, se escucha en la voz de él y se percibe en la ternura del contacto físico. O en la ausencia de tal contacto.

Un saludo puede ser una prueba de fuego para la salud relacional. Piénsalo: ¿Qué revelan tú y tu cónyuge sobre su relación en la manera de saludarse? ¿Lo hacen con cariño? ¿O en forma indiferente? ¿Tu modo de saludar hace que tu cónyuge espere con ansias el momento de verte?

Algunos no se saludan con calidez porque no sienten que sea sincero. Argumentan: «Soy fiel a lo que siento». No obstante, hay muchas buenas razones para ser amables aun cuando los sentimientos se oponen… y el *amor* es la mayor de todas. Aunque los saludos pueden reflejar lo que sucede en un matrimonio, también pueden transformarse en una inversión amorosa para su salud futura.

A lo largo de la historia, el pueblo judío demostró comprender el poder de un saludo eficaz. Utilizada más de 200 veces en la Biblia, la palabra *shalom* (que significa «paz» o «tranquilidad») se usaba en forma intencional para saludar a los demás. La utilizaban para expresar: «Ten una larga vida, paz para ti, paz para tu casa y paz para todo lo que tienes» (1 Samuel 25:6). Esta palabra, todavía usada hoy, revela cómo un saludo diario puede transformarse en una bendición dinámica.

No es necesario que digas «shalom» cuando saludes a tu cónyuge, pero compartir con él un saludo sólido, de cinco segundos cada día puede transformarse en una bendición a largo plazo para la relación. Tu saludo debería expresar: «Eres invalorable para mí», en lugar de «te tolero».

Jesús observó que aun los paganos les hablan con amabilidad a las personas que quieren. Eso es sencillo para cualquiera. Sin embargo, el Señor afirmó que los hijos de Dios deben ser lo suficientemente humildes y misericordiosos como para tratar con bondad a los enemigos.

Esto plantea una pregunta: ¿Cómo saludas a tus amigos, a tus compañeros de trabajo y a tus vecinos? ¿Y a tus conocidos y a los que encuentras en público? Quizás te encuentras con alguien que no te agrada demasiado, pero lo saludas por cortesía.

Así que si eres tan agradable y educado con los demás, ¿acaso tu cónyuge no merece lo mismo? ¿Diez veces más?

Puede ser tan sencillo como expresar cariño en lo primero que dices al despertar, en la expresión de tu rostro cuando entras en el auto, en la energía de tu voz cuando hablas por teléfono. Considera lo distinto que sería el día de tu cónyuge si expresaras con todo tu ser lo feliz que estás de verlo.

Un buen saludo prepara el terreno para una interacción positiva y saludable. Al igual que el amor, te hace sentir valorado y te impulsa a seguir adelante.

Recuerda la historia del hijo pródigo que relató Jesús. Este joven rebelde exigió el dinero de su herencia y lo malgastó en un estilo de vida insensato. Pero pronto, sus malas decisiones lo alcanzaron y llegó a comer las sobras de una pocilga. Humillado y avergonzado, ensayó sus disculpas e intentó pensar en la mejor manera de volver a su casa y enfrentar a su padre. Sin embargo, no lo recibió como esperaba. «Y cuando todavía estaba lejos, su padre lo vio y sintió compasión por él, y corrió, se echó sobre su cuello y lo besó» (Lucas 15:20).

Probablemente, este saludo fue lo último que esperaba el muchacho. Pero ¿cómo crees que se sintió al recibir el abrazo de su padre y escuchar su tono agradecido? Abrumado. Profundamente amado. Valioso una vez más. ¿Cuál crees que fue el resultado en la relación entre ellos?

¿Qué clase de saludos harían que tu pareja se sintiera de esa manera? ¿Cómo podrías despertar sus distintos sentidos con una simple palabra amable, un toque más afectuoso o un tono de voz más suave? Un saludo amoroso es algo que puedes regalarle a tu cónyuge todos los días por medio de lo que ve, oye y siente. No tiene precio y no cuesta nada.

Piensa en las oportunidades que tienen de saludarse regularmente. Cuando llegas a casa. Cuando se encuentran a almorzar. Cuando se dan las buenas noches. Cuando hablan por teléfono o se envían mensajes de texto. No es necesario que siempre sea algo audaz y espectacular; pero añadir calidez y entusiasmo al trato brinda la oportunidad de tocar el corazón de tu cónyuge de maneras inesperadas.

Cientos de viudos y viudas podrían decirnos con lágrimas en los ojos lo que significaría para ellos tener una última oportunidad de saludar, besar y abrazar a sus cónyuges. Como no tenemos garantizado el mañana, cada día con nuestro esposo o esposa es un regalo de Dios para atesorar y disfrutar.

Piensa en tu forma de saludar. ¿La usas bien? ¿Tu cónyuge se siente valorado y apreciado? ¿Se siente amado? Aun si no están llevándose muy bien, puedes disminuir la tensión y ayudar a restaurar las cosas si lo bendices con tu saludo. Recuerda, el amor es una decisión. Así que decide comenzar a amar desde el «¡hola!».

PIENSA UNA MANERA ESPECÍFICA EN QUE TE GUSTARÍA SALUDAR HOY A TU CÓNYUGE. HAZLO CON UNA SONRISA Y CON ENTUSIASMO. LUEGO, DECIDE CAMBIAR TU FORMA DE SALUDAR A DIARIO PARA REFLEJAR MÁS AMOR POR TU CÓNYUGE.

__ Haz una marca aquí cuando hayas completado el desafío de hoy.

¿Cuándo y en dónde elegiste llevar a cabo tu saludo especial? ¿Cómo respondió tu cónyuge? ¿Cómo cambiarás tu forma de saludar de ahora en adelante?

_____

_____

_____

_____

_____

_____

_____

_____

_____

Pues he llegado a tener mucho gozo y consuelo en tu amor… (Filemón 7)

«Mi intención es llegar hasta el final, y cambiar por ella
y por nuestro matrimonio». —Esteban

Día 10
El amor es incondicional

Pero Dios demuestra su amor para con nosotros,
en que siendo aún pecadores, Cristo murió por nosotros.
—Romanos 5:8

Si alguien te preguntara: «¿Por qué amas a tu esposa?» o «¿por qué amas a tu esposo?», ¿qué dirías?

La mayoría de los hombres mencionaría la belleza de su esposa, su sentido del humor, su bondad o su fortaleza interior. Quizás hablaría de su capacidad para cocinar, su habilidad para decorar o de lo buena madre que es.

Probablemente, las mujeres dirían algo sobre lo atractivo que es su esposo o sobre su personalidad. Lo elogiarían por su firmeza y su carácter sólido. Dirían que lo aman porque siempre está allí cuando lo necesitan. Es generoso. Es servicial.

Pero ¿qué sucedería si con el correr de los años, tu cónyuge perdiera estas cualidades? ¿Seguirías amándolo? En función de lo que contestaste antes, la única respuesta lógica sería «no». Si todas las razones por las que amas a tu cónyuge tienen que ver con sus cualidades (y luego estas desaparecen de repente o con el tiempo), el fundamento de tu amor se esfuma. El amor solo puede durar toda la vida si es incondicional. La verdad es que al amor duradero no lo define la persona *amada*, sino la que *decide* amar.

La Biblia se refiere a esta clase de amor con la palabra griega *ágape*. Difiere de las otras clases de amor: *fileos* (la amistad) y *eros* (el amor sexual). Por supuesto, tanto la amistad como el sexo ocupan un lugar importante en el matrimonio y forman una parte esencial del hogar que construyen juntos como esposos. No obstante, si tu matrimonio depende por completo de tener intereses en común o de disfrutar de una vida sexual saludable, los cimientos de tu relación son inestables.

El *fileos* y el *eros* son más sensibles por naturaleza, y pueden fluctuar según los sentimientos. Cuando alguien declara: «Me enamoré de ti», expresa el amor *fileos* o *eros*. Estos son inconstantes y dependen de las circunstancias.

Es importante reconocer que uno puede permitirse «enamorarse y desenamorarse» de muchas personas a lo largo de la vida. Por eso, es necesario proteger nuestro corazón de los demás y guardarlo solo para nuestro cónyuge.

Además, es posible enamorarte y desenamorarte de tu propio cónyuge cientos de veces en la vida, según cómo se lleven y cuánto estén dedicándose a la relación. Sentirse «enamorado» es algo que puede disfrutarse y reavivarse con el correr de los años. Pero no debería determinar tu nivel de compromiso en el matrimonio.

Por otro lado, el amor *ágape* es abnegado, incondicional e imparable. Se apoya en la decisión y el compromiso, no en sentimientos. Así que, a menos que esta clase de amor constituya el cimiento de tu matrimonio, el desgaste del tiempo podría destruirlo. El amor *ágape* se manifiesta «en salud y enfermedad», «en prosperidad y adversidad», en buenos y malos momentos. Es la única clase de amor *duradero, inmutable* y *verdadero*.

Esto se debe a que es la clase de amor que Dios tiene. No nos ama porque lo merezcamos, sino porque Él es amoroso. «En esto consiste el amor: no en que nosotros hayamos amado a Dios, sino en que Él nos amó a nosotros y envió a su Hijo como propiciación por nuestros pecados» (1 Juan 4:10). Si Él quisiera que probáramos ser dignos de su amor, fracasaríamos de manera lamentable. Sin embargo, el amor de Dios es una elección que hace por Su cuenta; algo que recibimos de Su parte y que luego transmitimos a los demás. «Nosotros amamos, porque Él nos amó primero» (1 Juan 4:19).

Si un hombre le dice a su esposa: «Ya no te amo», lo que en realidad está diciendo es: «Para empezar, nunca te amé en forma incondicional». Su amor se apoyaba en sentimientos o circunstancias en lugar de ser un compromiso. Es el resultado de edificar un matrimonio sobre el amor *fileos* o *eros*. Los cimientos deben ser más profundos que una simple amistad o una atracción sexual. El amor incondicional, el amor *ágape*, no variará con el tiempo ni las circunstancias.

Sin embargo, no quiere decir que el amor que comenzó por razones erróneas no pueda ser restaurado y redimido. Es más, cuando reconstruyes tu matrimonio con el *ágape* como fundamento, los aspectos de amistad y romance en tu amor se vuelven más atractivos que nunca. Cuando el disfrute mutuo como mejores amigos y amantes se apoya en un compromiso inquebrantable, experimentas una intimidad que no puede lograrse de ninguna otra manera.

No obstante, si no permites que Dios comience a cultivar este tipo de amor dentro de ti, lucharás y no lograrás alcanzar esta clase de matrimonio. El amor que «todo lo sufre, todo lo cree, todo lo espera, todo lo soporta» (1 Corintios 13:7) no surge en nuestro interior. Solo puede venir de Dios (1 Juan 4:7-16).

Las Escrituras afirman que «ni la muerte, ni la vida, ni ángeles, ni principados, ni lo presente, ni lo por venir, ni los poderes, ni lo alto, ni lo profundo, ni ninguna otra cosa creada nos podrá separar del amor de Dios que es en Cristo Jesús Señor nuestro» (Romanos 8:38-39). Es la clase de amor que Dios tiene. Y felizmente (si quieres), puede transformarse en *tu* clase de amor; pero primero, debes recibirlo y transmitirlo.

Luego, sin importar cuáles sean tus circunstancias y tus sentimientos, tú y tu cónyuge pueden comenzar a vivir con confianza y seguridad bajo su sombra. Ya no dirás: «Te amo porque…». Ahora afirmarás: «Te amo y punto».

EL DESAFÍO DE HOY

HAZ ALGO FUERA DE LO COMÚN POR TU CÓNYUGE; ALGO QUE PRUEBE (A LOS DOS) QUE TU AMOR SE FUNDAMENTA EN TU DECISIÓN Y EN NADA MÁS. LAVA SU AUTOMÓVIL. LIMPIA LA COCINA. COMPRA SU POSTRE FAVORITO. DOBLA LA ROPA LAVADA. DEMUÉSTRALE AMOR POR LA PURA SATISFACCIÓN DE SER SU COMPAÑERO EN EL MATRIMONIO.

__ Haz una marca aquí cuando hayas completado el desafío de hoy.

¿Tu amor ha estado basado en los atributos y en la conducta de tu cónyuge o en tu compromiso? ¿Cómo puedes seguir demostrando amor cuando no es recíproco como esperabas?

_____

_____

_____

_____

_____

_____

_____

… al que confía en el Señor, la misericordia lo rodeará. (Salmo 32:10)

«Los dos prometimos que si alguna vez nos descarriamos, volveremos
a completar juntos El desafío del amor». —*Micaela*

Día 11
El amor valora

Así también deben amar los maridos a sus mujeres,
como a sus propios cuerpos…
—*Efesios 5:28*

Considera estas dos situaciones:

Un hombre posee un auto viejo que comienza a tener problemas importantes, así que lo lleva al mecánico. Luego de una evaluación, le dicen que necesitará una puesta a punto completa, lo cual es demasiado para su presupuesto limitado. Debido a las costosas reparaciones, el hombre decide deshacerse del auto y gastar su dinero en un nuevo vehículo. Parece razonable, ¿no es así?

Otro hombre, un ingeniero, tiene un accidente en el que una máquina le aplasta la mano. Corre al hospital, le sacan una radiografía y descubre que se le han roto varios huesos. Aunque se siente frustrado y dolorido, usa de buena gana sus ahorros para que lo traten, le coloquen un yeso, y luego, con esmero cuida la mano durante los meses siguientes hasta que se restaura. Es probable que esto también te parezca razonable.

El problema en nuestra cultura es que al matrimonio se lo suele tratar como en la primera situación; como a una posesión *desechable*. Cuando hay problemas, te animan a cambiar a tu cónyuge por un «modelo más nuevo». Sin embargo, los que tienen esta visión no comprenden el lazo importante entre el esposo y la esposa. La verdad es que el matrimonio se parece más a la segunda situación. Forman parte el uno del otro. Si te lastimaras la mano, nunca te la cortarías, sino que pagarías todo lo que estuviera a tu alcance para obtener el mejor tratamiento médico posible, porque tu mano es invalorable. Es parte de ti.

Tu cónyuge también. El matrimonio es un misterio hermoso creado por Dios, en el que se unen dos vidas en una.

No solo en el ámbito físico, sino también en el espiritual y el emocional. Comienzan compartiendo la misma casa, la misma cama y el mismo apellido. Su identidad como individuos se fusiona. Cuando tienes éxito en el trabajo, los dos se alegran. Cuando uno atraviesa una tragedia, los dos la sienten. Pero en algún momento del camino, experimentan desilusión y dolor. El vínculo se quiebra y se instala la realidad aleccionadora de que te casaste con una persona sumamente imperfecta.

Sin embargo, tu cónyuge sigue formando parte de ti y esto no cambia. Efesios 5:28-29 declara: «Así también deben amar los maridos a sus mujeres, como a sus propios cuerpos. El que ama a su mujer, a sí mismo se ama. Porque nadie aborreció jamás su propio cuerpo, sino que lo sustenta y lo cuida».

La palabra *cuidar*, en este contexto, significa «abrigar». Imagina a un bebé recién nacido que se siente solo, tiene frío, hambre y miedo, y anhela que lo sostengan en brazos. Entonces, su mamá lo sostiene con ternura, lo amamanta, lo acaricia y lo acuna (1 Tesalonicenses 2:7). Su atención y cuidado amorosos abrigan a su bebé, tanto física como emocionalmente. Esta es la imagen bíblica de cómo el esposo y la esposa deben *cuidarse* mutuamente.

La vida es fría e impredecible. La tensión de cada día puede desgastarnos. A veces, las relaciones son difíciles y atraviesan temporadas invernales, en lugar de tener cálidos días primaverales. Entrar y tocar, acariciar y abrigar con ternura la vida y el corazón de nuestro cónyuge es responsabilidad nuestra, por encima de cualquier otra persona.

Gran parte de este *cuidado* puede lograrse mediante la delicadeza con que tocamos a nuestro cónyuge de formas no sexuales. Acercarte a tu esposa por detrás, mientras lava los platos, y besarle el cuello. Arrimarte en el auto y acariciarle el brazo a tu esposo. Rodearla con el brazo mientras están sentados en la iglesia. Caminar cerca y tomarse de la mano. Abrazarse mientras miran una película juntos. Cuidar al otro con el calor de tu afecto. Recuerda, cuando le demuestras amor a tu cónyuge, también te demuestras amor a ti mismo.

Sin embargo, esta moneda tiene dos caras. Cuando maltratas a tu pareja, también te maltratas a ti mismo. Piénsalo. Ahora las vidas de ambos están entretejidas. Tu cónyuge no puede experimentar alegría o dolor, bendición o maldición sin que también te afecte a ti. Así que, cuando atacas a tu pareja, es como atacar tu propio cuerpo.

Es hora de permitir que el amor cambie tu forma de pensar, y de entender que tu cónyuge forma parte de ti tal como tu mano, tu ojo o tu corazón. Tu esposa también necesita que la amen y la valoren. Y si algo le causa dolor o frustración, deberías cuidarla y apoyarla con el mismo amor y cariño con que tratarías una herida en tu cuerpo. Si tu esposo tiene alguna herida, deberías considerarte un instrumento que ayude a producir calidez y sanidad en su vida.

Con esta perspectiva, reflexiona sobre cómo tratas el cuerpo físico de tu cónyuge. ¿Lo valoras como el tuyo? ¿Lo tratas con respeto y ternura? ¿Te deleitas en tu cónyuge tal cual es? ¿O acaso lo haces sentir tonto y avergonzado? Así como proteges la seguridad y el bienestar de tu propio cuerpo, deberías atesorar cada parte de tu cónyuge como un regalo invalorable.

Cada vez que un marido mira a su esposa a los ojos, debería recordar que el que ama a su esposa se ama a sí mismo. Y la mujer debería acordarse de que cuando ama a su esposo, también está amándose y honrándose a sí misma.

Cuando miras a tu cónyuge, lo que ves es parte de ti. Así que trátalo bien. Habla bien de él. Sustenta y cuida al amor de tu vida.

EL DESAFÍO DE HOY

¿CÓMO PUEDES ENTIBIAR EL CORAZÓN DE TU CÓNYUGE? BUSCA OPORTUNIDADES DE APORTAR CALIDEZ AL FRÍO DE SU VIDA. SI ES POSIBLE, GENERA CONTACTO FÍSICO INESPERADO Y TIERNO. ELIGE UN GESTO QUE EXPRESE: «TE CUIDO», Y HAZLO CON SINCERIDAD.

__ Haz una marca aquí cuando hayas completado el desafío de hoy.

¿Qué elegiste para demostrar que cuidas a tu pareja? ¿Qué aprendiste de esta experiencia?

Y dirigiéndose a él, Jesús le dijo: ¿Qué deseas que haga por ti?…
(Marcos 10:51)

«Algunos desafíos parecían casi imposibles de cumplir al principio, pero la recompensa ha sido mucho mayor que los riesgos y los contratiempos».
— Nadina

DÍA 12
El amor deja que el otro gane

No buscando cada uno sus propios intereses,
sino más bien los intereses de los demás.
—Filipenses 2:4

Si te pidieran que nombraras tres áreas en las que tú y tu cónyuge no concuerdan, es probable que pudieras hacerlo sin pensar demasiado. Quizás, hasta podrías confeccionar una lista de las diez cuestiones más importantes si te dieran minutos adicionales. Y lamentablemente, a menos que alguien en tu hogar comience a ceder un poco, estos mismos problemas seguirán surgiendo.

Por desgracia, la obstinación viene en todos los modelos de esposos y esposas. Defender tus derechos y tus opiniones es una parte esencial de tu naturaleza y de tu modo de ser. Sin embargo, es perjudicial dentro de una relación matrimonial, y quita tiempo y productividad. Además, puede generar una gran frustración a los dos.

Es verdad, ser obstinado no siempre es malo. Vale la pena defender y proteger algunos asuntos. Nuestras prioridades, nuestros valores morales y la obediencia a Dios deberían protegerse con gran esfuerzo. Sin embargo, demasiadas veces discutimos por temas insignificantes, como el color de la pintura para la pared o la elección de restaurantes.

Por supuesto, otras veces, lo que está en juego es mucho más importante. Uno quiere más hijos; el otro no. Uno desea irse de vacaciones con otros familiares; el otro no. Uno cree que es hora de buscar ayuda profesional para el matrimonio o de participar más en una iglesia; y el otro no.

Aunque quizás estas cuestiones no afloren todos los días, vuelven a salir a la superficie y no terminan de desaparecer. Parece que nunca te acercaras a una solución o a un acuerdo. Se aferran cada vez más a su postura individual. Es como conducir con el freno de mano puesto.

Solo hay una manera de salir de puntos muertos como estos, y es encontrar una palabra opuesta a la *obstinación*, una que mencionamos antes, cuando hablamos sobre la amabilidad. Se trata de la *disposición*. Es una actitud y un espíritu de cooperación que debería impregnar nuestras conversaciones. Se parece a una palmera junto al océano, que soporta los vientos más fuertes porque sabe cómo doblarse con gracia. Y el mejor ejemplo es Jesucristo, como se lo describe en Filipenses 2:5-11. Sigue la evolución de Su amor abnegado...

Como Dios, tenía todo el derecho rehusar transformarse en hombre, pero cedió, y lo hizo... porque estaba dispuesto. Tenía derecho a que toda la humanidad lo sirviera, pero en cambio, vino a servirnos. Tenía derecho a vivir en paz y seguridad, pero voluntariamente entregó Su vida por nuestros pecados. Incluso accedió a soportar la tortura agotadora de la cruz. Amó, cooperó y estuvo dispuesto a hacer la voluntad de Su Padre en vez de la propia.

En vistas de este testimonio increíble, la Biblia nos instruye con una frase que resume todo: «Haya, pues, en vosotros esta actitud que hubo también en Cristo Jesús» (Filipenses 2:5): la actitud de la disposición, la flexibilidad y la sumisión humilde. Significa entregar por el bien de los demás lo que tienes derecho a reclamar para ti.

Lo único que se necesita para que tus peleas actuales continúen es que los dos permanezcan atrincherados e inflexibles; pero cuando uno de ustedes dice: «Estoy dispuesto a hacer las cosas a tu manera en esto», la discusión se termina. Y aunque llevarlo a cabo quizás te cueste algo de orgullo e incomodidad, has hecho una inversión amorosa y duradera en tu matrimonio.

«Bueno, pero quedaré como un tonto. Perderé la batalla. Perderé el control». En realidad, ya has quedado como un tonto al ser cabeza dura y negarte a escuchar. Ya perdiste la batalla dándole más importancia al problema que a tu matrimonio y a la valía de tu cónyuge. Quizás ya hayas perdido el control emocional diciéndole cosas hirientes y personales.

La manera sabia y amorosa de actuar es comenzar a abordar los desacuerdos con la disposición de no insistir en que las cosas se hagan siempre a tu manera. No quiere decir que tu cónyuge siempre tenga la razón o sea el que más sabe del tema, sino que eliges considerar seriamente su preferencia como una forma de valorarlo. Es más, tu disposición a reconsiderar puede hacer que el otro baje la guardia y también recapacite.

El mejor consejo del amor viene de la Biblia: «La sabiduría que es de lo alto es primeramente pura, después pacífica, amable, benigna» (Santiago 3:17, RVR1995). En lugar de tratar a tu cónyuge como a un enemigo o como alguien de quien protegerse, comienza a tratarlo como a tu amigo más íntimo y honrado. Valora sus palabras.

No, no siempre estarán de acuerdo. No tienen por qué ser un calco el uno del otro. Si lo fueran, uno de los dos sería innecesario. Dos personas que siempre comparten las mismas opiniones y perspectivas carecen del equilibrio y la sazón que enriquecen la relación. En cambio, las diferencias entre ustedes están para que se escuchen y aprendan mutuamente.

¿Estás dispuesto a ser flexible para demostrarle amor a tu cónyuge? ¿O no quieres ceder debido al orgullo? Si a la larga eso no importa (en especial, en la eternidad), dejar de lado tus derechos será una manera amorosa de deleitar y honrar a la persona que amas. Será bueno tanto para ti como para tu matrimonio. Rendirse en una batalla puede ser la mejor manera de obtener una victoria mayor.

EL DESAFÍO DE HOY

DEMUESTRA AMOR AL DECIDIR DE BUEN GRADO CEDER EN UN ÁREA DE DESACUERDO ENTRE TÚ Y TU CÓNYUGE. DILE QUE PONDRÁS PRIMERO SUS PREFERENCIAS.

__ Haz una marca aquí cuando hayas completado el desafío de hoy.

¿Qué cuestión elegiste? ¿Qué tuviste que entregar al ceder? ¿Cómo te ayudará esto en el futuro?

_____

_____

_____

_____

_____

_____

_____

_____

_____

_____

Si es posible, en cuanto de vosotros dependa, estad en paz con todos los hombres. (Romanos 12:18)

«Disfruto muchísimo de la paz interior que viene de saber que el enojo que
sentí durante tanto tiempo ya no está». —Roberta

DÍA 13
El amor pelea limpio

Si una casa está dividida contra sí misma,
esa casa no podrá permanecer.
—Marcos 3:25

Te guste o no, el conflicto en el matrimonio es sencillamente inevitable. Cuando se casaron, no solo unieron sus esperanzas y sus sueños, sino también sus heridas, sus temores, sus imperfecciones y su bagaje emocional. Desde que desempacaron luego de la luna de miel, comenzaron el verdadero proceso de «desempacarse» mutuamente, y de hacer el desagradable descubrimiento de cuán pecadores y egoístas pueden ser.

En poco tiempo, tu pareja comenzó a deslizarse de tu elevado pedestal y tú del suyo. La cercanía forzosa del matrimonio comenzó a despojarte de tu fachada pública, y a exponer tus problemas privados y tus hábitos secretos. Bienvenido a la humanidad caída.

Al mismo tiempo, las tormentas de la vida empezaron a probar y revelar de qué estabas hecho en verdad. Las demandas laborales, los problemas de salud, las discusiones con los suegros y las necesidades financieras estallaron con distinta intensidad, añadiendo presión y calor a la relación. Esto creó un marco para que aparecieran desacuerdos entre ustedes. Discutieron y pelearon. Se hirieron. Experimentaron conflictos. Todas las parejas pasan por esto. Es esperable. Todas atraviesan lo mismo. Pero no todas sobreviven.

Así que, no creas que poner en práctica el desafío de hoy alejará todos los conflictos de tu matrimonio. En cambio, se trata de abordar el problema de manera tal que, cuando lo atraviesen, su relación se vea enriquecida.

Los dos juntos.

Es probable que el daño más profundo y desgarrador que puedas hacerle (o que le hayas hecho) a tu matrimonio ocurra en pleno conflicto, porque es cuando tu orgullo es más fuerte. Estás más enojado que nunca. Eres de lo más egoísta y sentencioso. Tus palabras jamás fueron tan venenosas. Tomas las peores decisiones. Si el conflicto desenfrenado toma el control y ninguno de los dos pone el pie en el freno, un matrimonio puede estar bien el lunes y comenzar a venirse abajo el martes.

Sin embargo, el amor interviene y cambia las cosas. Te recuerda que tu matrimonio es demasiado valioso como para permitir que se autodestruya, y que el amor por tu cónyuge es más importante que cualquier asunto por el que estén peleando. El amor te ayuda a instalar *airbags* y montar barreras de protección en tu relación. Guarda la unidad. Te recuerda que en verdad puede revertirse el conflicto para siempre, y que esto puede resultar en una mayor unidad. Las parejas casadas que aprenden a resolver sus diferencias suelen tener más unidad, más confianza, más intimidad, y disfrutan de una conexión mucho más profunda.

Pero ¿cómo? La manera más sabia es aprender a pelear limpio, estableciendo reglas de juego saludables. Si no tienen pautas para abordar cuestiones problemáticas, no respetarán los límites cuando se caldeen los ánimos.

En esencia, hay dos clases de límites para lidiar con el conflicto: los límites de pareja y los límites personales.

Los límites de pareja son reglas que los dos acuerdan de antemano y que se utilizan durante cualquier pelea o altercado. Si se rompen estas reglas, cualquiera de los dos tiene derecho a hacerlas respetar, con amabilidad, pero de inmediato. Podrían incluir:

1. Nunca mencionaremos el divorcio.
2. No traeremos a colación temas del pasado y sin relación.
3. Nunca pelearemos en público ni frente a nuestros hijos.

4. Nos tomaremos un descanso si el conflicto alcanza un nivel peligroso.
5. Nunca tocaremos al otro para hacerle daño.
6. Nunca nos iremos a dormir enojados.
7. El fracaso no es una opción. Pase lo que pase, lo resolveremos.

Los *límites personales* son reglas que practicas por tu cuenta. Aquí tienes algunos de los ejemplos más efectivos:

1. Escucharé antes de hablar. «Que cada uno sea pronto para oír, tardo para hablar, tardo para la ira» (Santiago 1:19). El que escucha primero tiene siempre la ventaja en una pelea. Es necesario abordar temas sensibles haciendo preguntas con respeto, en lugar de saltar a conclusiones o acusar sin pensar.
2. Abordaré mis propios problemas con franqueza. «¿Y por qué miras la mota que está en el ojo de tu hermano, y no te das cuenta de la viga que está en tu propio ojo?» (Mateo 7:3). Si admites rápidamente en qué te equivocaste y pides perdón primero, desarmas a tu cónyuge y neutralizas las municiones que usaba en tu contra, mientras das el ejemplo para que el otro también enfrente sus errores.
3. Hablaré con dulzura y no levantaré la voz. «La suave respuesta aparta el furor, mas la palabra hiriente hace subir la ira» (Proverbios 15:1). La gente suele imitar al enemigo en una pelea. Cuanto más intenso te pongas, más intensa se pondrá la otra persona. Cuanto más humilde y tierno seas, más humilde y tierno será el otro. Que tu forma de hablar esté adornada de amor, sin importar lo que digas.

Pelear limpio significa cambiar de armas; disentir con dignidad. Significa tender un puente en lugar de quemarlo. El amor no es una pelea, pero siempre vale la pena pelear por él.

HABLA CON TU CÓNYUGE CON RESPECTO A ESTABLECER REGLAS DE JUEGO SALUDABLES. SI NO ESTÁ LISTO PARA ESTO, ANOTA TUS REGLAS PERSONALES PARA RESPETARLAS DURANTE LAS DISCUSIONES. DECIDE CUMPLIRLAS CUANDO VUELVA A SURGIR UN DESACUERDO.

__ Haz una marca aquí cuando hayas completado el desafío de hoy.

Si tu cónyuge participó, ¿cuál fue su respuesta? ¿Qué reglas personales anotaste?

_____

_____

_____

_____

_____

_____

_____

_____

_____

Tened el mismo sentir unos con otros... (Romanos 12:16)

«Necesitaba realizar cambios en mí si quería ver mejores resultados con él».
—Jacqueline

Día 14
El amor se deleita

Goza de la vida con la mujer que amas,
todos los días de tu vida fugaz...
—Eclesiastés 9:9

El mundo intenta constantemente dictar lo que es atractivo y lo que no. Lo que es deseable y lo que no. Anuncia los últimos productos, exhibidos por modelos y estrellas de cine, con la esperanza de que empuñes tu billetera y tus tarjetas de crédito. Pero si adoptas esas normas poco realistas de belleza (de tamaño, forma, peso y altura), te pasarás la vida descontento con lo que ves en el espejo y siempre anhelando que tu cónyuge se pareciera más a lo que ves en las fotos retocadas de los anuncios.

La buena noticia es que no tienes por qué malgastar la vida en pos de una fantasía. Tú, y no el resto del mundo, puedes determinar lo que te resulta atractivo y deseable. Puedes decidir disfrutar y deleitarte profundamente ahora mismo en el tesoro invalorable que Dios ya te dio en tu cónyuge. Por dentro y por fuera. Nada te detiene. ¡Y deberías hacerlo!

Una de las cuestiones más importantes que deberías aprender en este *Desafío* es que no puedes simplemente *seguir* tu corazón; debes *guiarlo*. No permitas que tus sentimientos y emociones te conduzcan. Colócalos en el asiento trasero y diles adónde irás.

Los recién casados *sienten* su amor. Se deleitan en la persona que ahora llaman su cónyuge. Sus afectos son nuevos y jóvenes, y la esperanza de un futuro romántico vive en sus corazones. No obstante, puedes tener algo con el mismo poder que ese amor fresco y nuevo. Viene de la *decisión* de deleitarte en tu cónyuge y de amarlo sin importar cuánto tiempo hayan estado casados. En otras palabras, el amor que *decide* amar es igualmente hermoso que el que *tiene deseos* de hacerlo. En muchos aspectos, es un amor más genuino, porque tiene los ojos bien abiertos.

La Escritura afirma que Dios decidió amar a Su pueblo, a pesar de que no tenía ni el tamaño ni el mérito de otras naciones (Deuteronomio 7:7-8). Tenemos que hacer lo mismo.

Si dependemos del egoísmo y los sentimientos, siempre nos inclinaremos a comparar las debilidades de nuestro cónyuge con los puntos fuertes de los demás. Pensaremos: «Mi esposa no es tan respetuosa y radiante», o «mi esposo no es tan amable y considerado». Pero nuestros días son demasiado fugaces como para desperdiciarlos concentrándonos en las sombras, mientras podríamos estar disfrutando del sol.

En cambio, es hora de guiar tu corazón, una vez más, a *deleitarse* en tu cónyuge; de decidir amar y disfrutar a esa persona, tal cual Dios la hizo. Llegó el momento de valorar su singularidad y de volver a recordar por qué te enamoraste de sus ojos o su personalidad. Es hora de darle la mano y buscar su compañía; de anhelar su conversación; de aceptarla tal cual es —con peculiaridades y todo— y volver a recibirla con brazos abiertos en tu corazón. La Biblia no dice que el hombre debe casarse con la mujer que ama, pero sí afirma que debe amar a la mujer con quien se casa.

Tus preferencias no vienen programadas de nacimiento ni estás destinado a actuar de acuerdo a ellas. Puedes decidir qué atesorar. Así que, si eres desagradecido y negativo, es porque decides serlo. Si fastidias a tu pareja más de lo que la elogias, es porque has permitido que tu corazón sea egoísta. Te has dejado *llevar* por la crítica.

Entonces, ya es hora de sacar tu corazón de allí. Aprende a deleitarte en tu cónyuge una vez más. Cuando renueves el amor por tu esposo o esposa y vuelvas a dedicar el tiempo y la energía necesarios para la relación, verás cómo tu corazón disfruta a diario de la otra persona.

La Biblia contiene muchas historias de amor romántico, y ninguna tan provocativa como la que se desarrolla en los ocho capítulos del Cantar de los Cantares. Escucha cómo estos dos amantes se deleitan mutuamente en este libro poético...

La esposa: «Como el manzano entre los árboles del bosque, así es mi amado entre los jóvenes. A su sombra placentera me he sentado, y su fruto es dulce a mi paladar. Él me ha traído a la sala del banquete, y su estandarte sobre mí es el amor» (2:3-4).

El esposo: «Levántate amada mía, hermosa mía, y ven conmigo. Paloma mía, en las grietas de la peña, en lo secreto de la senda escarpada, déjame ver tu semblante, déjame oír tu voz; porque tu voz es dulce, y precioso tu semblante» (2:13-14).

¿Demasiado sensiblero? ¿Demasiado empalagoso? No para los que guían su corazón a deleitarse en la persona amada... aun cuando se acaba lo nuevo, incluso cuando ella use ruleros y él pierda el cabello. Es hora de volver a disfrutar. De reír y coquetear otra vez; de volver a soñar. Y de hacerlo con placer.

El desafío de hoy puede llevarte a un cambio verdadero y radical. En el caso de algunos, quizás solo sea necesario un pequeño paso para llegar al deleite. Para otros, puede requerir un salto gigante desde la indignación constante. Lo cierto es que si alguna vez te deleitaste (y seguramente lo hiciste cuando te casaste), puedes volver a hacerlo. No importa si ha pasado mucho tiempo o si han sucedido muchas cosas que cambiaron tu percepción. Tienes la responsabilidad de volver a encontrar lo que amas de esta persona a la que te has prometido para siempre.

EL DESAFÍO DE HOY

CON DETERMINACIÓN, DEJA DE LADO UNA
ACTIVIDAD HABITUAL PARA PODER PASAR
TIEMPO DE CALIDAD CON TU CÓNYUGE.
HAGAN ALGO QUE AL OTRO LE ENCANTARÍA
HACER O UN PROYECTO EN EL QUE SABES
QUE QUIERE PARTICIPAR. SIMPLEMENTE,
PASEN TIEMPO JUNTOS.

___ Haz una marca aquí cuando hayas completado el desafío
de hoy.

¿Qué decidiste dejar de lado? ¿Qué hicieron juntos? ¿Cómo
les fue? ¿Qué cosa nueva descubriste (o volviste a descubrir)
sobre tu cónyuge?

_____

_____

_____

_____

_____

_____

_____

_____

*Para encontrar más sobre como guiar tu corazón, ver el Apéndice I
de la página 201*

Dame [...] tu corazón, y que tus ojos se deleiten en mis caminos.
(Proverbios 23:26)

Día 15
El amor es honorable

Y vosotros, maridos, igualmente, convivid de manera
comprensiva con vuestras mujeres, […] dándole honor
como a coheredera de la gracia de la vida…
—1 Pedro 3:7

¿A quién respetas más que a nadie en el mundo? ¿Qué significaría para ti poder reunirte a comer con esta persona o pasar el día con ella? Sin duda, te sentirías muy privilegiado. Cuando hablara, escucharías con suma atención. Si te pidiera algo, lo tomarías en serio y te asegurarías de cumplirlo.

Bienvenido a la definición de la palabra *honor*.

Honrar a alguien significa respetarlo y tenerlo en alta estima, tratarlo como a una persona especial y de gran valor. Cuando le hablas, escoges tus palabras con cuidado. Eres más cortés y educado. Cuando te habla, les das peso y relevancia a sus palabras. Cuando te pide que hagas algo, estás dispuesto a recorrer la segunda milla para cumplir sus deseos, por el solo respeto que le tienes. Por *honor*. Esta palabra describe la manera noble en que deberíamos vivir.

La Biblia suele hablar del honor. Se nos dice que «honremos» a nuestro padre y a nuestra madre, y a las autoridades. Los esposos deben honrar a sus esposas (1 Pedro 3:7), y las esposas tienen que respetar a sus maridos (Efesios 5:33). Esto es clave para la salud y la fortaleza de tu matrimonio. No se nos instruye a honrar al cónyuge solo si lo merece, sino a hacerlo porque esto es agradable para Dios y por la posición especial que esta persona tiene en nuestra vida.

Honrar a tu cónyuge significa prestarle toda tu atención, en lugar de hablarle desde atrás de un periódico o con un ojo en la televisión. Cuando se toman decisiones que afecten a ambos, le das la misma importancia en tu mente a su voz y su opinión. Consideras seriamente lo que tiene para decir. Significa mucho para ti, y debería saberlo por la manera en que lo tratas.

Sin embargo, hay otra palabra relacionada con el *honor*, que nos llama a alcanzar un propósito más elevado; una que a menudo no identificamos con el matrimonio, aunque no puede subestimarse su relevancia. El fundamento del honor se encuentra en esta palabra: *santo*.

Decir que tu cónyuge debería ser «santo» para ti no significa que sea perfecto. La santidad implica estar apartado para un propósito supremo; ya no común ni cotidiano, sino sumamente especial y único. Nadie puede competir en tu corazón con una persona que para ti es santa y única. Es sagrada, alguien a quien honrar, elogiar y defender.

La novia trata de esta manera su vestido nupcial. Luego de usarlo en su día especial, lo cubre y lo protege, y después lo separa de todo lo demás en su armario. No la verás usándolo cuando trabaja en el jardín o sale de paseo. Su vestido de novia tiene un valor propio. De esta manera, es santo y sagrado para ella.

Cuando dos personas se casan, cada una pasa a ser «santa» para la otra, mediante la santidad inherente al matrimonio. Esto significa que ningún otro en el mundo debe disfrutar de este nivel de compromiso y expresión de afecto de tu parte. La relación entre ustedes no se compara a ninguna otra. Se comprometen a compartir la intimidad física solo entre ustedes. Estableces un hogar con esta persona. Tienes hijos con ella. Tu corazón, tus posesiones, tu vida misma se entretejen delicadamente en este lazo singular que compartes solamente con este individuo. Así lo diseñó Dios, y debería ser tu meta y tu deseo cada día.

¿Las cosas son así en tu matrimonio? ¿Tu esposo diría que lo honras y lo respetas? ¿Consideras a tu esposa apartada y de gran valor para ti? ¿Crees que es santa?

Quizás, no lo *sientas*, y por una buena razón. Tal vez quisieras que algún desconocido pudiera ver cuánta falta de respeto recibes de parte de tu esposo o esposa. Probablemente te gustaría dejar en evidencia a tu cónyuge y culparlo de tu amargura, que ha comenzado a surgir.

Sin embargo, con el amor, las cosas son distintas. El amor actúa en forma positiva, en lugar de reaccionar de manera negativa. Se eleva por encima de los nubarrones y la tormenta. Desafía la lógica común y egoísta. Decide honrar aun cuando lo rechazan. Trata al ser amado como alguien especial y sagrado, aunque lo único que reciba a cambio sea una actitud desagradecida. Se niega a que lo arrastren de regreso al pozo de la vida egoísta.

Por supuesto, es maravilloso cuando los dos esposos están unidos en este propósito; cuando siguen el mandamiento bíblico de ser «afectuosos unos con otros» en amor y se dan preferencia el uno al otro (Romanos 12:10). «Tengan todos en alta estima el matrimonio y la fidelidad conyugal» (Hebreos 13:4 NVI).

No obstante, cuando tus intentos de honra no son correspondidos, debes ser honorable igualmente y buscar maneras de honrar a tu pareja. El amor se atreve a hacerlo; a decir: «Valoraré nuestra relación por sobre todas las demás. Sacrificaré más por ti que por cualquier otra persona. Con todos tus errores, tus pecados y tus defectos (pasados y presentes), igual escojo el camino que honra a Dios y conduce mi matrimonio a una vida mejor».

Así se crea una atmósfera para reavivar el amor en el matrimonio. Así te deshaces del deshonor y puedes guiar tu corazón a volver a amar de verdad a tu cónyuge.

Es la belleza del honor.

EL DESAFÍO DE HOY

DECIDE COMENZAR A DEMOSTRAR MÁS HONOR DE LO HABITUAL A TU CÓNYUGE. EMPIEZA ESCUCHÁNDOLO CON MÁS ATENCIÓN Y RESPETO. DÉJALE VER QUE SUS PALABRAS Y SUS PEDIDOS SON IMPORTANTES PARA TI, Y MUÉSTRALE QUE LO TIENES EN MÁS ALTA ESTIMA QUE ANTES.

___ Haz una marca aquí cuando hayas completado el desafío de hoy.

¿Cómo elegiste demostrar honor? ¿Cuál fue el resultado? ¿De qué otras maneras podrías demostrar honor durante los próximos días?

… los honraré y no serán menospreciados. (Jeremías 30:19)

«El desafío del amor *te cambiará la vida. Prepárate y no abandones.*
Ama a tu esposa como Dios te ama a ti». —Daniel

DÍA 16
El amor intercede

Amado, ruego que seas prosperado en todo
así como prospera tu alma, y que tengas buena salud.
—3 Juan 2

No puedes cambiar a tu cónyuge. Sin importar cuánto lo desees, no puedes hacer el papel de Dios y llegar a su corazón para transformarlo en lo que tú quieres. Sin embargo, muchos pasan gran parte de su tiempo intentando cambiar al otro.

Se ha dicho que la locura es hacer lo mismo una y otra vez esperando obtener resultados diferentes. Pero, ¿acaso no es lo que sucede cuando intentas cambiar a tu pareja? Obtienes la mayor de las frustraciones. En algún momento, debes aceptar que no es algo que tú puedas hacer. Sin embargo, hay algo que sí puedes. Puedes transformarte en un «agricultor sabio».

Un agricultor no puede hacer que una semilla se transforme en una cosecha fructífera. No sirve enojarse con la semilla, manipularla ni exigirle que lleve fruto. Lo que sí puede es plantar la semilla en terreno fértil, regarla y darle nutrientes, protegerla de las malezas y luego entregársela a Dios. Millones de agricultores se han ganado la vida con este proceso a través de los siglos. Saben que no todas las semillas brotan; pero la mayoría sí lo hará si se la planta en el terreno adecuado y se le proporciona lo que necesita.

No hay garantía de que algo en este libro vaya a cambiar a tu cónyuge. Pero este no es su propósito. Se trata de que te atrevas a amar. Si tomas este desafío en serio, es probable que experimentes un cambio de adentro hacia fuera.

Y si cumples cada desafío, tu cónyuge probablemente se vea afectado, y tu matrimonio podría comenzar a florecer frente a tus ojos. Quizá lleve semanas; incluso años. No importa cómo sea el terreno que tienes para trabajar, igualmente debes planear para triunfar. Tienes que quitar las malezas de tu matrimonio; nutrir la tierra del corazón de tu esposo o esposa y luego depender de Dios para los resultados.

Sin embargo, no podrás hacerlo solo. Necesitarás algo que tiene más poder que cualquier otra cosa que poseas. Ese «algo» es la oración eficaz.

La oración funciona de verdad. Es un fenómeno espiritual creado por un Dios ilimitado y poderoso. Y da resultados increíbles.

¿Tienes ganas de darte por vencido con tu matrimonio? Jesús dijo que oráramos en lugar de desfallecer (Lucas 18:1). ¿Estás estresado y preocupado? La oración puede traer paz a tus tormentas (Filipenses 4:6-7). ¿Necesitas un cambio decisivo? La oración puede lograrlo (Hechos 12:1-17).

Dios es soberano. Hace las cosas a Su manera. No es un genio en una lámpara que concede todos tus deseos. Lo cierto es que te ama y desea tener una comunión íntima contigo. Y sin oración, es imposible caminar con Él.

Hay algunos elementos clave que deben estar en su lugar para que la oración sea eficaz. No obstante, basta con decir que la oración funciona mejor cuando proviene de un corazón humilde que tiene una buena relación con Dios y con los demás. La Biblia dice: «Confesaos vuestros pecados unos a otros, y orad unos por otros. [...] La oración eficaz del justo puede lograr mucho» (Santiago 5:16).

¿Alguna vez te preguntaste por qué Dios te deja ver con tanta claridad los defectos escondidos de tu cónyuge? ¿De verdad crees que es para que lo fastidies por eso? No, es para que te pongas de rodillas con eficacia. Nadie mejor que tú sabe cómo orar por tu cónyuge.

¿Acaso ha funcionado regañar o fastidiar? La respuesta es no, porque estos métodos no cambian el corazón. En cambio, es hora de intentar hablar con Dios en tu aposento.

El esposo descubrirá que Dios puede «arreglar» a su esposa mucho mejor que él. La esposa logrará más a través de la oración estratégica que con todos sus esfuerzos de persuasión. Además, es una manera mucho más agradable de vivir.

Así que, transforma tus quejas en oraciones y observa cómo el Maestro obra mientras mantienes limpias las manos. Si tu cónyuge no tiene ninguna clase de relación con Dios, está bien claro por qué tienes que comenzar a orar.

Más allá de esto, empieza a orar exactamente por lo que tu cónyuge necesita. Ora por su corazón; por su actitud. Ora por las responsabilidades que tiene ante Dios. Ora para que la verdad reemplace las mentiras; para que el perdón sustituya la amargura. Ora por un cambio genuino en tu matrimonio. Y luego, ora por los deseos de tu corazón: para que el amor y el honor se transformen en lo normal. Ora para llegar a un nivel más profundo de romance e intimidad.

Una de las maneras de demostrar más amor por tu cónyuge es orar por él. «Pedid, y se os dará; buscad, y hallaréis; llamad, y se os abrirá» (Mateo 7:7).

EL DESAFÍO DE HOY

COMIENZA A ORAR HOY POR EL
CORAZÓN DE TU CÓNYUGE. ORA POR
TRES ÁREAS ESPECÍFICAS EN LAS
QUE DESEAS QUE DIOS OBRE EN
SU VIDA Y EN TU MATRIMONIO.

__ Haz una marca aquí cuando hayas completado el desafío
de hoy.

¿Alguna vez experimentaste el poder de la oración?
¿Por qué temas decidiste orar? ¿Fue fácil para ti o te resultó
extraño?

_Para obtener un enfoque más profundo sobre la oración eficaz e ideas sobre
cómo orar por tu cónyuge, ver Apéndices IV y V en las páginas 210 y 214_

… si alguien teme a Dios y hace su voluntad, a éste oye. (Juan 9:31)

Día 17
El amor cultiva la intimidad

El que perdona la ofensa cultiva el amor; el que
insiste en la ofensa divide a los amigos.
—Proverbios 17:9, NVI

¿Con quién eres más unido en la vida? ¿A quién le cuentas tus secretos? Puede ser un buen amigo que conoces desde la infancia o la universidad. Tal vez se trate de un hermano, un padre o un compañero de trabajo. Sin embargo, nada se compara con la unidad entre esposos. El matrimonio fue diseñado para ser la relación humana más íntima de todas: en lo emocional, lo físico y lo espiritual.

Por eso es tan hermoso y lo necesitamos tanto. Anhelamos un amigo íntimo con quien abrir el corazón. Un compañero seguro y leal que nos entienda de verdad. Alguien que conozca nuestros secretos más íntimos y, aun así, nos acepte. La intimidad podría describirse como ser «plenamente conocido y amado».

Pero tristemente, a muchos matrimonios les falta la intimidad que Dios desea que haya entre esposos. Porque en esta gran bendición, también yace su mayor peligro. Alguien que nos conoce a fondo puede amarnos con una profundidad que jamás imaginamos o herirnos de manera tal que nunca nos recuperemos del todo. Es el fuego y el temor del matrimonio. Por eso, para que la intimidad florezca, es fundamental crear un espacio seguro para que los cónyuges puedan abrir el corazón.

¿Qué experimentas más en tu hogar hoy? ¿Son un libro abierto o bóvedas cerradas? ¿Cuánto hablan de verdad? ¿Cuánto se confían sus secretos? ¿Tu cónyuge diría que lo haces sentir seguro o asustado? En especial, si se han lastimado mutuamente en el pasado, lo más probable es que sean reservados y huyan de la intimidad.

Si el hogar no se considera un lugar emocionalmente seguro, los dos se verán tentados a buscar esa seguridad en otra parte. Quizás te vuelques a otra persona e inicies una relación que coquetee con el adulterio o, en última instancia, lo cometa. Tal vez busques un escape en el trabajo o en pasatiempos fuera de casa; en algo que te proteja de la intimidad.

Pero más allá de tu situación, el amor puede ayudarte a redescubrir la intimidad con tu cónyuge. «En el amor no hay temor, sino que el perfecto amor echa fuera el temor» (1 Juan 4:18). Tu cónyuge no debería sentirse presionado a ser perfecto para recibir tu atención y aprobación. No tendría que andar con pie de plomo en donde debiera sentir libertad de caminar con soltura. En tu matrimonio, tendría que haber una atmósfera de libertad. Al igual que Adán y Eva en el Edén, la relación estrecha entre ustedes debería intensificar la intimidad. Estar desnudos y no sentir vergüenza (Génesis 2:25) tendrían que ser parte de la misma frase en tu matrimonio: en el ámbito físico y emocional.

Sin duda, es un tema delicado. El matrimonio ha descargado el bagaje y la pecaminosidad de otra persona sobre tu vida, y viceversa. Los dos pueden sentirse incomprendidos y poco amados; lo opuesto de la intimidad. Pero hoy tienes otra oportunidad de rodear la información privada de tu cónyuge con el abrazo protector de tu amor, y de comprometerte a ser la persona que pueda ayudarlo a manejarla.

Algunos secretos pueden necesitar corrección. Por lo tanto, puedes ser un agente de compasión y sanidad: no con sermones ni críticas, sino escuchando con amor y luego diciendo la verdad cuando el otro se sienta lo suficientemente seguro como para escucharla.

Algunos secretos solo necesitan ser aceptados. Son parte del carácter y la historia de esta persona. Y aunque quizás no sea agradable, siempre habrá que tratar estas cuestiones con tacto y dulzura. En cualquiera de los dos casos, solo tú ejerces el poder de rechazar a tu cónyuge debido a lo que sabes, o de aceptarlo con todos sus defectos. Sabrá que se encuentra en un lugar seguro donde tiene la libertad de cometer errores, o se encerrará en sí mismo y lo perderás, quizás para siempre. Amar bien a tu cónyuge debería ser la labor de tu vida.

Piénsalo así: Nadie te conoce mejor que Dios, quien te hizo. El autor del Salmo 139 tenía razón cuando oró: «Tú conoces mi sentarme y mi levantarme; desde lejos comprendes mis pensamientos. Tú escudriñas mi senda y mi descanso, y conoces bien todos mis caminos. Aun antes de que haya palabra en mi boca, he aquí, oh Señor, tú ya la sabes toda» (Salmo 139:2-4).

Y sin embargo, Dios, quien conoce todos nuestros secretos, nos ama con una profundidad que no podemos ni siquiera comenzar a comprender (Efesios 3:19). ¿Cuánto más deberíamos (como personas imperfectas) extender la mano a nuestro cónyuge con gracia, aceptándolo con sus particularidades y asegurándole que sus secretos están seguros con nosotros?

Quizás esta sea un área en la que has fracasado. Si es así, no esperes que, de inmediato, tu cónyuge te otorgue un acceso ilimitado a su corazón. Debes comenzar a reconstruir la confianza poco a poco. A dejar de evitar al otro y comenzar a hablar. A escuchar con compasión, a aceptar a tu esposo o esposa en forma genuina y a amar con mayor profundidad.

A Jesús mismo se lo describe como el único que no se entromete en la vida de las personas, sino que permanece a la puerta y llama: «Si alguno oye mi voz y abre la puerta, entraré a él, y cenaré con él y él conmigo» (Apocalipsis 3:20).

Siempre hace falta tiempo para que se desarrolle la intimidad; en especial, luego de haber sido puesta en peligro. Pero vale la pena, por los tesoros infinitos que esconde. Tu compromiso amoroso de restablecer esta intimidad puede ser la clave para abrir el cerrojo… es un desafío para cualquiera que esté dispuesto a aceptarlo.

COMIENZA A DESARROLLAR UNA INTIMIDAD EMOCIONAL CON TU CÓNYUGE. DECIDE PROTEGER SUS SECRETOS (A MENOS QUE SEAN PELIGROSOS PARA ÉL O PARA TI) Y ORA POR ÉL. HABLA CON TU ESPOSO O ESPOSA Y ESCUCHA CON ACEPTACIÓN Y EL CORAZÓN ABIERTO. HAZ QUE SE SIENTA SEGURO.

___ Haz una marca aquí cuando hayas completado el desafío de hoy.

Cuanto más seguro se siente alguien, más probable es que abra su corazón. ¿Cómo ha sido esta realidad en tu matrimonio hasta ahora? ¿Cuánto te cuesta contenerte y no decir algo, crítico o de otro tipo? ¿Qué aprendiste hoy sobre tu cónyuge al escucharlo?

Yo soy de mi amado y mi amado es mío. (Cantar de los Cantares 6:3)

«Tienes que creer en esto y no perder la esperanza. Esa fue mi experiencia».
—Francis

DÍA 18
El amor procura comprender

Bienaventurado el hombre que halla sabiduría
y el hombre que adquiere entendimiento.
—Proverbios 3:13

Nos gusta descubrir todo lo que podemos sobre las cosas que nos importan de verdad. Si se trata de nuestro equipo de fútbol preferido, leemos todo artículo que nos ayude a mantenernos al día con su progreso. Si se trata de cocina, vemos los canales o sitios *web* que revelan las mejores técnicas de asar a la parrilla o recetas de postres. Si un tema nos resulta atractivo, prestamos atención cada vez que surge. En realidad, suele transformarse en un área de estudio personal.

Por supuesto, está bien tener distintos intereses y aprender sobre ciertas áreas de preferencia. Sin embargo, es aquí donde el amor preguntaría lo siguiente: «¿Cuánto sabes de tu cónyuge?».

Piensa en la época en que eran novios. ¿Acaso no estudiabas al objeto de tu amor?

Cuando un hombre intenta ganar el corazón de una mujer, la estudia. Descubre lo que le gusta, lo que no le gusta, sus hábitos y sus pasatiempos; pero una vez que gana su corazón y se casa, suele dejar de descubrir cosas sobre ella. El misterio y el desafío de conocerla parecen menos intrigantes, y sus intereses comienzan a desviarse hacia otras áreas.

A menudo, también es cierto en el caso de las mujeres, quienes al principio admiran y respetan al hombre con el cual quieren estar. Luego del matrimonio, esos sentimientos comienzan a desvanecerse, a medida que la realidad revela que su «príncipe» es un hombre con imperfecciones y defectos.

Sin embargo, tu cónyuge todavía tiene misterios escondidos para descubrir. Comprender esto los ayudará a unirse más. Incluso puede favorecerte a los ojos de tu esposo o esposa. «El buen entendimiento produce favor» (Proverbios 13:15).

Considera el siguiente punto de vista: si todo lo que estudiaste de tu cónyuge antes de casarte fuera equivalente a un diploma de la escuela secundaria, deberías seguir aprendiendo sobre su persona hasta obtener un «título universitario», una «maestría» y, por último, un «doctorado». Imagínalo como un viaje que dura toda la vida, el cual te acerca cada vez más a tu esposo o esposa.

- ¿Sabes cuáles son sus mayores esperanzas y sueños?
- ¿Comprendes bien cómo prefiere dar y recibir amor?
- ¿Conoces sus mayores temores y por qué lucha con ellos?

Uno de los problemas que te impide tener una buena relación con tu cónyuge es que sencillamente no lo comprendes. Es probable que reaccione en forma muy distinta a ti frente a ciertas situaciones, y no comprendes por qué. Estas diferencias (aun las relativamente insignificantes) pueden causar muchas peleas y conflictos en tu matrimonio. Esto se debe a que, como dice la Biblia, tendemos a «maldecir» lo que no entendemos (Judas 10, NVI).

Los gustos y las preferencias de tu cónyuge tienen sus razones. Cada matiz de su carácter tiene como trasfondo una historia. Cada elemento que conforma su identidad y su manera de pensar se expresa en una serie de pautas, las cuales solo suelen tener sentido para la persona que las sostiene; pero vale la pena tomarse el tiempo para estudiar *por qué es de esa manera*.

Si extrañas el nivel de intimidad que tenías con tu cónyuge, una buena manera de volver a ganar su corazón es comprometiéndote a conocerlo. Estúdialo. Léelo como a un libro que intentas comprender. Considéralo un cofre que debe ser destrabado para hallar el tesoro.

Haz preguntas. La Biblia dice: «El oído del sabio busca el conocimiento» (Proverbios 18:15). El amor toma la iniciativa de comenzar las conversaciones. Tu cónyuge necesita saber que tu deseo de comprenderlo es auténtico, solamente así podrás lograr que se abra.

Escucha. «El necio no se deleita en la prudencia, sino sólo en revelar su corazón» (Proverbios 18:2). El objetivo de comprender a tu cónyuge es escucharlo, no solo decirle lo que piensas. Aun si no es demasiado conversador, el amor te llama a sacar las «aguas profundas» que viven en él (Proverbios 20:5).

Pídele discernimiento a Dios. «Porque el Señor da sabiduría, de su boca vienen el conocimiento y la inteligencia» (Proverbios 2:6). Las diferencias entre los sexos, los trasfondos familiares y las distintas experiencias de vida pueden limitar tu capacidad para conocer el corazón y las motivaciones de tu cónyuge. Sin embargo, Dios da sabiduría. Puede mostrarte lo que necesitas para amar mejor a tu esposo o esposa.

«Con sabiduría se edifica una casa, y con prudencia se afianza; con conocimiento se llenan las cámaras de todo bien preciado y deseable» (Proverbios 24:3-4). Hay una profunda belleza y significado dentro de tu cónyuge, que te sorprenderán a medida que vayas descubriendo todo. Entra en el misterio con esperanza y entusiasmo. Desea conocer a esta persona aun mejor de lo que ya la conoces. Transfórmala en tu campo de estudio elegido, y llenarás tu hogar de las riquezas que solo el amor puede generar.

EL DESAFÍO DE HOY

PREPARA UNA CENA ESPECIAL EN TU CASA,
SOLO PARA USTEDES DOS. PUEDE SER TAN
ESPECIAL COMO QUIERAS. DEDICA ESTE
TIEMPO A CONOCER MEJOR A TU CÓNYUGE,
QUIZÁS EN ÁREAS DE LAS CUALES NO HAN
HABLADO CASI NUNCA. DECIDE QUE SEA UNA
NOCHE AGRADABLE PARA LOS DOS.

__ Haz una marca aquí cuando hayas completado el desafío
de hoy.

¿Qué descubriste de tu cónyuge que no sabías? ¿Cómo
podrías continuar este proceso de descubrimiento en otra
ocasión, de otras maneras? ¿Qué momentos hicieron que esta
noche fuera memorable?

Para encontrar una lista de preguntas relacionadas con el desafío de hoy,
ver el Apéndice II de la página 206.

... adquiere sabiduría, y con todo lo que obtengas adquiere inteligencia.
(Proverbios 4:7)

Día 19
El amor es imposible

… amémonos unos a otros, porque el amor es de Dios,
y todo el que ama es nacido de Dios y conoce a Dios.
—1 Juan 4:7

El *desafío del amor* comienza con un secreto. Y aunque ha sido un elemento tácito cada día, es probable que ya lo hayas descubierto. El secreto es este: tu corazón imperfecto no puede fabricar el amor incondicional (*ágape*). Es imposible. Excede tus capacidades naturales. Excede todas nuestras capacidades.

Tal vez no quieras creerlo. Quizás estés convencido de que, con suficiente esfuerzo y compromiso, puedes reunir por tu cuenta un amor imparable, eterno y sacrificado. Y aunque es verdad que tal vez puedas demostrar ternura y generosidad a veces, y aunque hayas aprendido a ser más considerado que antes, la tarea de amar a alguien con sinceridad, constancia y en forma abnegada e incondicional es algo completamente diferente.

¿Cuántas veces, por ejemplo, tu amor ha impedido que engañes y manipules, que codicies o envidies, que reacciones en forma exagerada o tengas pensamientos sentenciosos o desconsiderados? ¿Cuántas veces tu amor ha sido incapaz de controlar tu enojo, ni te ha motivado a perdonar de verdad, ni ha traído un final pacífico a una pelea?

Esta incapacidad es la que pone de manifiesto la condición pecaminosa de la humanidad. Nuestra *propia* pecaminosidad. Nadie ha alcanzado los parámetros y los mandamientos divinos (Romanos 3:23). Todos hemos demostrado egoísmo, odio y orgullo. Y a menos que haya algo que nos limpie de estos atributos impíos, no podremos agradar a Dios (Salmo 5:4) y seremos hallados culpables ante Él (Romanos 6:23). Por eso, si no estás a cuentas con el Señor, no puedes amar de verdad a tu cónyuge, porque Él es la fuente de ese amor.

No puedes dar lo que no tienes. Tampoco puedes invocar reservas ni recursos interiores inexistentes. Un manantial egoísta no produce agua abnegada. Así como no puedes regalar un millón de dólares si no los tienes, tampoco puedes dar más amor del que posees. Puedes intentarlo, pero fracasarás.

El amor que es fiel y puro, y que puede soportar todas las presiones está fuera de tu alcance, mientras busques encontrarlo dentro de ti mismo. Necesitas otra fuente. Precisas que alguien te dé esa clase de amor. Y aquí hay una buena noticia: Dios, en Su gran amor por ti y por tu cónyuge, ha creado una manera de expresar Su amor *a través de* ti.

«El amor es de Dios» (1 Juan 4:7). La Escritura comunica en forma coherente que el amor se descubre al acudir al Hijo de Dios, Jesucristo, quien fue enviado a la Tierra para ser el ejemplo y la fuente del amor perfecto. Solo cuando nos alejamos de nuestro egoísmo y le pedimos con sinceridad a Cristo que entre a nuestras vidas y tome el control, nuestra necesidad más profunda de amor es saciada, y hallamos la mayor capacidad para amar. Jesús declaró que, como una rama que se desprende de la vid, «separados de mí nada podéis hacer» (Juan 15:5). Esto incluye amar a tu cónyuge en forma incondicional.

Pero finalizó diciendo: «Si permanecéis en mí, y mis palabras permanecen en vosotros, pedid lo que queráis y os será hecho» (Juan 15:7). Permanecer significa mantener los lazos profundos de una relación interpersonal. No es jerga religiosa, sino una invitación espiritual. Al mantener una relación diaria con Jesús, puedes conocer «ese amor que sobrepasa nuestro conocimiento, para que [seas lleno] de la plenitud de Dios» (Efesios 3:19, RVR1995). Entonces, puedes amar. Incondicionalmente.

Al rendirte a Cristo, Su poder puede obrar a través de ti. Él «es poderoso para hacer todo mucho más abundantemente

de lo que pedimos o entendemos, según el poder que obra
en nosotros» (Efesios 3:20). De esa manera, puedes amar a tu
cónyuge.

Así que, tu incompetencia e incapacidad (por más frustran-
tes que te parezcan) tienen un final feliz si extiendes la mano
con fe y recibes el amor de Dios para ti. Entonces, el amor que
ha «derramado en nuestros corazones por medio del Espíritu Santo que nos fue dado» (Romanos 5:5) está siempre a tu
alcance, cada vez que admites tu insuficiencia y confías en Su
capacidad.

Sencillamente, no podrás hacerlo sin Dios. Pero muchos
están descubriendo que pueden hacerlo... *con* Él.

Quizás nunca le hayas entregado el corazón a Cristo, pero
hoy sientes que te atrae hacia Él. Tal vez, por primera vez te das
cuenta de que tú también has quebrantado los mandamientos
de Dios, y tu culpa impedirá que lo conozcas. Sin embargo, las
Escrituras dicen que si te arrepientes y te alejas de tu pecado
al volverte a Dios, Él está dispuesto a perdonarte gracias al
sacrificio que hizo Su Hijo al morir en la cruz. Está buscándote,
pero no para esclavizarte, sino para liberarte, para que puedas
recibir Su amor y Su perdón. Solo así podrás comunicárselo a la
persona que fuiste llamado a amar.

Quizás ya seas creyente, pero admites que te has alejado de
tu comunión con Dios. No lees la Palabra, no oras, tal vez ya ni
siquiera vas a la iglesia. El amor que corría por tus venas ha ido
reduciéndose hasta transformarse en apatía.

Lo cierto es que no puedes *vivir* sin Él y tampoco puedes
amar sin Él; pero Dios podría hacer cosas increíbles en tu matrimonio si le entregas tu confianza.

EL DESAFÍO DE HOY

VUELVE A MIRAR LOS DESAFÍOS DE LOS DÍAS ANTERIORES. ¿ACASO REVELAN UNA DIFICULTAD EN TU CAPACIDAD DE AMAR A TU CÓNYUGE? ¿HAS TOMADO CONCIENCIA DE LA NECESIDAD DE QUE DIOS CAMBIE TU CORAZÓN Y TE DÉ SU CAPACIDAD DE AMAR? PÍDELE QUE TE MUESTRE CÓMO ESTÁ TU RELACIÓN CON ÉL Y QUE TE OTORGUE LA GRACIA PARA BUSCARLO, ENCONTRARLO Y CAMINAR A SU LADO.

__ Haz una marca aquí cuando hayas completado el desafío de hoy.

¿Qué crees que Dios está diciéndote? ¿Sientes que algo se agita en tu interior? ¿Qué decisión tomaste en respuesta?

_____

_____

_____

_____

_____

_____

_____

_____

… eso es imposible, pero para Dios todo es posible. (Mateo 19:26)

«Comprendí que el verdadero propósito de El desafío del amor
es formar mi relación con Dios». —Constanza

DÍA 20
El amor es Jesucristo

*Mientras aún éramos débiles, a su tiempo Cristo
murió por los impíos. —Romanos 5:6*

¿Te sientes amado por Dios? Deberías sentirlo. Profundamente. Nunca podrás amar de verdad a otra persona hasta que comprendas cómo te ama el Señor. «El que no ama no conoce a Dios, porque Dios es amor» (1 Juan 4:8).

Dios no solo te amó al crearte, darte aliento de vida y sustentarte; Su mayor prueba de amor fue el regalo de Su Hijo. El versículo más famoso de la Biblia declara: «Porque de tal manera amó Dios al mundo, que dio a su Hijo unigénito, para que todo aquel que cree en Él, no se pierda, mas tenga vida eterna» (Juan 3:16).

Durante siglos, millones en todo el mundo han encontrado el amor de Dios y se han relacionado con Él gracias a estas verdades… verdades que resumen el gran amor de Dios por ti y lo maravilloso que te ofrece. Jesús vino a buscarte y a salvarte (Lucas 19:10). Pero, ¿de qué?

La Biblia explica que todos nacemos con un estado egoísta que se inclina al pecado (Salmo 51:5). Entonces, por voluntad propia, nos volvemos egocéntricos, deshonestos, odiosos, concupiscentes, desafiantes de la autoridad y desagradecidos, y nos alejamos del temor y el conocimiento de Dios (Romanos 3:9-20). «Todos nosotros somos como el inmundo, y como trapo de inmundicia todas nuestras obras justas» (Isaías 64:6).

No obstante, Dios miró la Tierra y vio a la humanidad en su ignorancia e inmundicia (Salmo 14:2-3). Sabía que sin Su intervención, no tendríamos esperanza de purificarnos ni ser lo suficientemente buenos como para caminar con Él o pasar la eternidad a su lado en el cielo.

También sabía que Su justicia exigiría juzgar nuestro pecado (Romanos 6:23). Dios no envía personas inocentes al infierno. Somos culpables. Lo merecemos. Todos y cada uno de nosotros (Efesios 2:1-7).

Sin embargo, en Su amor y misericordia, «Dios ha enviado a su Hijo unigénito al mundo para que vivamos por medio de Él» (1 Juan 4:9). Jesucristo «... llevó nuestros pecados en su cuerpo sobre la cruz, a fin de que muramos al pecado y vivamos a la justicia...» (1 Pedro 2:24). Por Su muerte, Jesús invalidó para siempre la idea de que no eres amado. Si alguna vez te sientes así, no estás mirando la cruz. Allí, Cristo demostró Su amor por ti.

No puede comprenderse por completo semejante amor. «A duras penas habrá alguien que muera por un justo, aunque tal vez alguno se atreva a morir por el bueno. Pero Dios demuestra su amor para con nosotros, en que siendo aún pecadores, Cristo murió por nosotros» (Romanos 5:7-8).

Este amor tampoco puede ganarse. «Porque la paga del pecado es muerte, pero la dádiva de Dios es vida eterna en Cristo Jesús Señor nuestro» (Romanos 6:23). «Porque por gracia habéis sido salvados por medio de la fe, y esto no de vosotros, sino que es don de Dios; no por obras, para que nadie se glo-ríe» (Efesios 2:8-9).

Pero es necesario recibirlo. «Si confiesas con tu boca a Jesús por Señor, y crees en tu corazón que Dios le resucitó de entre los muertos, serás salvo» (Romanos 10:9).

Y cuando te apropias de esta nueva vida y este nuevo amor, recibes la capacidad de amar como nunca antes.

«En esto conocemos lo que es el amor: en que Jesucristo entregó su vida por nosotros. Así también nosotros debemos entregar la vida por nuestros hermanos. [...]. Y éste es su mandamiento: que creamos en el nombre de su Hijo Jesucristo, y que nos amemos los unos a los otros, pues así lo ha dispuesto» (1 Juan 3:16,23; NVI).

Todo aquello en lo que has fracasado, todo el bien que no has podido hacer, cada minuto que malgastaste… todo puede perdonarse y restaurarse al colocar tu vida en manos de Aquel que primero te dio Su amor y Su vida.

Quizás nunca lo hiciste. Entonces, hoy es el día. «Ahora es el tiempo propicio; he aquí, ahora es el día de salvación» (2 Corintios 6:2).

Quizás lo hiciste hace años, pero te has alejado mucho de tus raíces espirituales. Entonces, «arrepentíos y convertíos, para que vuestros pecados sean borrados, a fin de que tiempos de refrigerio vengan de la presencia del Señor» (Hechos 3:19).

Dios estuvo dispuesto a amarte aunque no lo merecías, aun cuando no correspondiste a ese amor. Vio todos tus defectos y, de todos modos, eligió amarte. Su amor hizo el mayor de los sacrificios para satisfacer la mayor de tus necesidades. Como resultado, puedes (mediante Su gracia) caminar en la plenitud y la bendición de Su amor.

Ahora y para siempre.

Y luego, puedes experimentar y compartir este mismo amor con tu cónyuge. Puedes amar aun cuando no te ame. Puedes ver todos sus defectos y sus imperfecciones, y aun así, elegir amarlo. Y puedes transformarte en un instrumento divino para satisfacer sus necesidades más personales. Como resultado, tu cónyuge podrá caminar en la plenitud y la bendición de tu amor. Ahora y hasta la muerte.

El verdadero amor solo se encuentra en Jesucristo. Y luego de recibir Su regalo amoroso de una nueva vida, Su muerte en tu lugar y el perdón de tus pecados, por fin estarás listo para poner en práctica el desafío.

EL DESAFÍO DE HOY

ATRÉVETE A TOMARLE LA PALABRA A DIOS.
ATRÉVETE A CONFIAR EN JESUCRISTO PARA
SALVACIÓN. ATRÉVETE A ORAR: «SEÑOR JESÚS,
SOY PECADOR; PERO HAS DEMOSTRADO TU
AMOR POR MÍ AL MORIR PARA PERDONAR MIS
PECADOS, Y HAS PROBADO TU PODER PARA
SALVARME DE LA MUERTE MEDIANTE TU
RESURRECCIÓN. SEÑOR, CAMBIA MI CORAZÓN
Y SÁLVAME CON TU GRACIA. LLÉNAME
DE TU AMOR».

__ Haz una marca aquí cuando hayas completado el desafío de hoy.

Escribe tu experiencia. Aunque solo renueves tu compromiso de recibir y expresar el amor de Dios, ¿qué te ha mostrado Él hoy?

---

*Para descubrir más sobre la salvación que Cristo te ofrece,
ver el Apéndice VI en la página 216.*

... en su amor y en su compasión los redimió... (Isaías 63:9)

DÍA 21
El amor se sacia en Dios

El Señor te guiará continuamente, saciará
tu deseo… —Isaías 58:11

El día 20 fue de vital importancia para el desafío de este libro… y para tu vida, ya que hablamos de la necesidad manifiesta del corazón humano. Tal vez ya sabías o te hayas dado cuenta de que, en tu caja de herramientas con talentos y recursos, nada podía quitar las manchas ni reparar el daño que dejó el pecado, y que Jesús es el único que puede proveer lo que te falta. Si lo recibiste por fe y le entregaste tu vida, el Espíritu Santo —en este mismo momento— está renovando y llenando tu corazón. Su gracia y Su poder ahora pueden liberarse en todo lo que hagas; incluido nada menos que tu matrimonio.

Sin importar si es algo nuevo para ti o si sigues a Jesús hace mucho tiempo, es hora de que afirmes algo en tu mente: necesitas a Dios *todos los días*. Porque solo Él puede satisfacer. Caminar a Su lado no es una propuesta de medio tiempo.

Muchas veces, la gente piensa que el dinero, la fama, los logros o el poder la hará feliz. El rey Salomón consiguió todas estas cosas en gran medida, y descubrió una y otra vez que «todo era vanidad y correr tras el viento» (Eclesiastés 2:11). Llegó a la conclusión de que, como toda buena dádiva viene de Dios, «¿quién comerá y quién se alegrará sin Él?» (v. 25).

Y sin embargo, cuando nuestro tanque de felicidad se vacía, solemos pensar que se debe a algo que queremos y no tenemos. No vemos que nada de lo que Dios creó en la Tierra pueda satisfacernos más que Él… ni siquiera nuestro cónyuge. El Señor formó los anhelos en nuestro interior para que lo buscáramos y nos llenáramos de Su provisión divina. El amor, el gozo y la paz verdaderos y perdurables solo se encuentran en Él (Gálatas 5:22).

Tu esposo puede llegar tarde a casa. Otra vez.

Pero Dios siempre llegará a tiempo.

Tu esposa puede decepcionarte. Otra vez.

Pero puedes estar seguro de que Dios siempre cumplirá Sus promesas.

Todos los días tienes expectativas de tu cónyuge. A veces, las cumple. Otras, no. Sin embargo, nunca podrá satisfacer por completo todas tus exigencias… en parte, porque algunas son irracionales, y en parte, porque tu cónyuge es humano.

Sin embargo, Dios no lo es. Y los que acuden a Él cada día con total dependencia para que satisfaga las necesidades reales de su vida, descubren que en verdad es confiable.

¿Acaso tu cónyuge puede darte paz interior? No; pero Dios sí. «Por nada estéis afanosos; antes bien, en todo, mediante oración y súplica con acción de gracias, sean dadas a conocer vuestras peticiones delante de Dios. Y la paz de Dios, que sobrepasa todo entendimiento, guardará vuestros corazones y vuestras mentes en Cristo Jesús» (Filipenses 4:6-7).

¿Tu cónyuge puede lograr que estés satisfecho sin importar lo que la vida arroje a tu paso? No; pero Dios sí puede. «… he aprendido a contentarme cualquiera que sea mi situación», afirmó el apóstol Pablo. «En todo y por todo he aprendido el secreto […] de estar saciado […]. Todo lo puedo en Cristo que me fortalece» (Filipenses 4:11-13).

Así que, deja de depender de alguien o de algo para funcionar y sentirte satisfecho todo el tiempo. Solo Dios puede proveer «a todas [tus] necesidades, conforme a sus riquezas en gloria en Cristo Jesús» (Filipenses 4:19), a medida que aprendas a depender de Él.

Tienes una necesidad real de amor, intimidad, aceptación, paz y suficiencia. Nadie dice que está mal. Pero en lugar de intentar llenarlas con cosas que, en el mejor de los casos, son inestables (tu salud, tu dinero, incluso el afecto y las mejores intenciones de tu cónyuge), llénalas con Dios. Es lo único en tu vida que nunca cambia. Su fidelidad, Su verdad y las promesas para Sus hijos siempre permanecerán.

Por eso, necesitas buscarlo todos los días.

Si buscas ser feliz con cosas terrenales, terminas perdiendo a Dios y te sientes infeliz. Pero cuando te pierdes en la búsqueda de amar y agradar al Señor, no solo obtienes una relación íntima con Él, sino también felicidad, como la cereza del postre. La Biblia afirma: «Pon tu delicia en el Señor, y Él te dará las peticiones de tu corazón» (Salmo 37:4). Cuando lo buscamos primero, lo amamos primero y transformamos nuestra relación con Él en la prioridad principal, Él promete proveernos lo que en verdad necesitamos… y en realidad, Dios es lo único que hace falta para saciarnos.

Una vez, junto a un pozo de agua, Jesús habló con una mujer samaritana que había intentado satisfacer sus necesidades mediante cinco matrimonios fallidos. Pero allí, frente a Él, con su vida y su cántaro vacíos, encontró en Cristo lo que Él llamó «agua viva» (Juan 4:10): una provisión abundante que no solo saciaría su sed temporal. Le ofreció beber una refrescante y permanente satisfacción del alma. Y esto es lo que está a tu disposición en cada amanecer y cada noche antes de acostarte, sin importar quién sea tu cónyuge o lo que te haya hecho.

«En tu presencia hay plenitud de gozo», escribió el rey David a Dios. «En tu diestra, deleites para siempre» (Salmo 16:11). Dios es tu provisión diaria… de todo lo que necesitas.

EL DESAFÍO DE HOY

EN FORMA INTENCIONAL, APARTA TIEMPO
PARA ORAR Y LEER LA BIBLIA. INTENTA LEER
UN CAPÍTULO DE SALMOS O PROVERBIOS CADA
DÍA, O UN CAPÍTULO DEL EVANGELIO DE JUAN.
CUANDO LO HAGAS, SUMÉRGETE EN EL AMOR
DE DIOS Y ENCUENTRA DESCANSO EN LAS
PROMESAS Y LA PAZ QUE TIENE PARA TI. ESTO
TE HARÁ CRECER MÁS EN TU CAMINAR CON ÉL.

__ Haz una marca aquí cuando hayas completado el desafío
de hoy.

¿Cómo crees que pasar tiempo a diario con Dios cambiará
tu situación y tu perspectiva? ¿Cómo puedes incluir más a Dios
en tu día?

Abres tu mano, y sacias el deseo de todo ser viviente. (Salmo 145:16)

«De verdad creo que Dios puede solucionar cualquier situación. El desafío del amor *está confirmando mi convicción*». —*Samantha*

DÍA 22
El amor es fiel

Te desposaré conmigo en fidelidad, y tú
conocerás al Señor. —Oseas 2:20

Como cristianos, el amor es el fundamento de toda nuestra identidad. Como hijos de Dios, Él nos llama «amados», lo cual significa que somos *aquellos a quienes Dios ama en forma incondicional*. Entonces, el objetivo de nuestra vida se vuelve amar a Dios y a los demás.

Jesús aclaró el mayor mandamiento de Dios, diciendo: «Amarás al Señor tu Dios con todo tu corazón […] tu alma […] tu fuerza […] tu mente; y a tu prójimo como a ti mismo» (Lucas 10:27).

Las personas deben distinguirnos como discípulos de Cristo por el amor que tenemos unos por otros (Juan 13:35). Nuestra existencia está arraigada y cimentada en el amor (Efesios 3:17), y este amor debe expresarse con pasión y fervor (1 Pedro 4:8). Es un ejercicio en el que deberíamos «abundar» más y más (1 Tesalonicenses 3:12), progresar en él y dejar que cada vez nos defina más.

Así que, si fuimos creados para comunicar amor, ¿qué haces cuando alguien rechaza tu amor? ¿Cómo reaccionas cuando la persona a la que le entregaste tu vida deja de aceptar el amor que eres llamado a dar?

El relato del profeta Oseas en la Biblia es asombroso. Contra toda lógica y decoro, Dios le ordenó que se casara con una prostituta. Quiso que ese matrimonio mostrara cómo era Su amor incondicional hacia nosotros. La unión de Oseas con Gomer produjo tres hijos, pero, como era de esperar, esta mujer que se había ganado la vida tanto tiempo con la inmoralidad no se conformó siéndole fiel a un solo hombre. Así que Oseas tuvo que lidiar con su corazón roto y con la vergüenza del abandono.

La amó, pero ella rechazó su amor. Se habían acercado, pero ella fue desleal y adúltera, y lo rechazó por la lujuria de completos extraños.

El tiempo pasó y Dios volvió a hablarle a Oseas. Le dijo que fuera y reafirmara su amor por esta mujer que le había sido infiel muchas veces. En esta ocasión, ella había llegado a un nivel aun más bajo y Oseas tuvo que rescatarla de la esclavitud, pero pagó el precio de su redención y la llevó a su casa. Es cierto, ella había despreciado su amor. Había traicionado su corazón. Sin embargo, Oseas volvió a recibirla en su vida y le expresó un amor incondicional.

Es una historia verdadera, pero el Señor la utilizó como una imagen de Su amor hacia nosotros. Mediante las acciones de Oseas, vemos a un Dios que nos colma de Su favor aunque muchas veces no le prestamos atención. En ocasiones, hemos actuado de manera vergonzosa y considerado Su amor una intrusión, como si nos impidiera obtener lo que de verdad queremos. Lo hemos rechazado de muchas formas (aun luego de recibir Su regalo de salvación eterna), y sin embargo, sigue amándonos. Sigue siendo fiel.

No obstante, Su amor no evita que nos pida cuentas de nuestros malos tratos hacia Él. A menudo, pagamos un precio más alto por nuestro rechazo del que nos damos cuenta. De todos modos, Dios responde con gracia y misericordia. «En Él tenemos redención mediante su sangre, el perdón de nuestros pecados según las riquezas de su gracia» (Efesios 1:7). En Dios, vemos el modelo de lo que hace el amor rechazado: permanece fiel.

Jesús llamó a Sus seguidores a practicar esta clase de amor, en el pasaje conocido como el Sermón del Monte: «Amad a vuestros enemigos; haced bien a los que os aborrecen; bendecid a los que os maldicen; orad por los que os vituperan» (Lucas 6:27-28). Después de todo, «si amáis a los que os aman, ¿qué mérito tenéis? Porque también los pecadores aman a los que los aman. Si hacéis bien a los que os hacen bien, ¿qué mérito tenéis? Porque también los pecadores hacen lo mismo» (Lucas 6:32-33).

Afirmó: «Amad a vuestros enemigos, y haced bien, y prestad no esperando nada a cambio, y vuestra recompensa será grande, y seréis hijos del Altísimo; porque Él es bondadoso para con los ingratos y perversos» (Lucas 6:35).

Desde la posición estratégica del altar nupcial, nunca habrías soñado con que esa persona que desposaste se transformaría en una especie de «enemigo», alguien a quien tendrías que amar casi como un acto de completo y aun doloroso sacrificio. Y sin embargo, demasiadas veces en el matrimonio, la relación se reduce a ese nivel. Aun al punto de la traición o, tristemente, de la infidelidad.

Para muchos, es el comienzo del final. La respuesta de algunos es pasar rápidamente a un divorcio trágico. Otros, por proteger su reputación del ojo público, deciden mantener la farsa en pie. Sin embargo, no tienen intención de adaptarse a la situación ni de esforzarse para alcanzar una restauración... mucho menos, de volver a amar al otro.

No obstante, este no es el modelo del seguidor de Cristo. Si el amor debe ser como el de Él, debe amar aun cuando sus intentos de acercamiento son rechazados. Y para esto, primero debes tener el amor de Dios.

Puedes tener la esperanza de darle amor inmerecido a tu cónyuge porque Dios te dio amor inmerecido a ti, repetidas veces y en forma duradera. Los que menos lo merecen suelen ser los que más reciben expresiones de amor.

Pídele que te llene con la clase de amor que solamente Él puede proveer, y luego proponte dárselo a tu cónyuge de una manera que refleje tu gratitud a Dios por amarte. Es lo bueno del amor redentor. Es el poder de la fidelidad.

EL DESAFÍO DE HOY

EL AMOR ES UNA DECISIÓN, NO UN
SENTIMIENTO. ES UNA ACCIÓN QUE SE PONE
EN MARCHA, NO UN ACTO REFLEJO. HOY
MISMO, DECIDE COMPROMETERTE CON EL
AMOR AUNQUE A TU CÓNYUGE YA CASI NO
LE INTERESE RECIBIRLO. DILE HOY CON
PALABRAS PARECIDAS A ESTAS: «TE AMO. PUNTO.
Y NO IMPORTA LO QUE HAGAS, JAMÁS
DEJARÉ DE AMARTE».

__ Haz una marca aquí cuando hayas completado el desafío
de hoy.

¿Por qué es imposible amar así si el amor de Cristo no pal-
pita en tu corazón? ¿De qué manera Su presencia en tu vida te
capacita para amar, aunque sea en forma unilateral?

He optado por el camino de la fidelidad… (Salmo 119:30, NVI)

«Han pasado tres semanas, y mi esposa está comenzando a
notar la diferencia». —Roberto

Día 23
El amor siempre protege

[El *que ama*] *defiende con firmeza.*
—1 Corintios 13:7 (BAD, *paráfrasis*)

Nadie se casa con un enemigo. Las parejas dan el sí con la esperanza de toda una vida de amor. Pero la altísima tasa de divorcio revela que el camino de regreso del altar es un campo minado de obstáculos matrimoniales, que puede terminar matando a los esposos. Por desgracia, todo matrimonio tiene enemigos.

Por eso, el amor nos llama a estar alertas y a proteger lo más valioso y preciado para nosotros; a estar dispuestos a dar un paso al frente y pelear algunas batallas con pasión… para proteger a nuestro cónyuge y la integridad de nuestra unión. Muchas cosas pueden destruir la relación, a menos que nuestro amor se coloque la armadura y esté listo para blandir la espada y proteger lo suyo.

Aquí te presentamos, a modo de ejemplo, algunos de los posibles ataques de los cuales tienes que ser consciente, para proteger constantemente a tu cónyuge y tu matrimonio. La responsabilidad, y no la pasividad, es la clave para guardarse contra las siguientes cuestiones…

Prioridades mal puestas. Toda cosa buena puede transformarse en algo dañino si se le adjudica demasiado valor. Los amigos, los pasatiempos y los horarios de trabajo tienen que mantenerse en equilibrio y en su lugar adecuado. No puedes proteger tu hogar si casi nunca estás allí, o si te sientes desconectado emocionalmente. Incluso tus hijos, que sin duda son una prioridad clave, deberían criarse sobre un matrimonio sólido. Cuando los padres invierten las cosas y priorizan a los hijos en lugar del matrimonio, en realidad los lastiman a la larga, porque el matrimonio se debilita. Una de las excusas más comunes para el divorcio es que «es lo mejor para los hijos». No obstante, lo mejor para los hijos es ver que su mamá y su papá se demuestran amor incondicional, cumplen lo que prometieron, resuelven sus diferencias, perdonan y preservan un legado de perseverancia.

Relaciones interpersonales poco saludables. No todos tienen lo necesario para ser buenos amigos. Solo algunos con los que cazas y pescas hablan con prudencia respecto a cuestiones del matrimonio. No todas las mujeres con las que te juntas a almorzar tienen una buena perspectiva en cuanto al compromiso y las prioridades. A decir verdad, cualquier persona que socave tu matrimonio no merece el derecho a susurrarte al oído.

Influencias dañinas. ¿Permites que ciertos hábitos envenenen tu hogar? La tecnología, la televisión e Internet pueden ser adquisiciones productivas y placenteras para tu vida, pero también pueden invitar la entrada de contenido destructivo y quitarle preciosas horas a tu familia. Ten cuidado de no permitir que nada insensibilice tu mente ni te robe el tiempo.

La tentación sexual. Mantente alerta en todo momento y no permitas que las relaciones con el sexo opuesto (en el trabajo, el gimnasio e incluso en la iglesia) te alejen emocionalmente de la persona a quien le diste tu corazón. Cada vez hay más divorcios que surgen del uso desprotegido de las redes sociales. Mirar fotografías de viejos amigos sonrientes puede avivar viejas llamas, atrapar tus sentimientos y engañar tu corazón para alejarlo del amor de tu vida y llevarte hacia una zona peligrosa. Cualquier relación que te distancie afectivamente de tu cónyuge ha ido demasiado lejos. La sabiduría insta a protegerse aun más al estar cerca de las personas que nos resultan más atractivas. Es necesario mantenerlas a mayor distancia emocional. ¿Por qué? Por amor a tu cónyuge.

La vergüenza. Todos sienten algo de inferioridad y debilidad. Y como el matrimonio deja todo al descubierto, es necesario que protejas la vulnerabilidad de tu cónyuge y nunca hables en forma negativa de tu cónyuge en público. Sus secretos son tus secretos (a menos, por supuesto, que presuman conductas destructivas que te pongan a ti, a tus hijos o a tu esposo o esposa en grave peligro). En términos generales, el amor esconde las fallas de los demás. Cubre su vergüenza.

Los parásitos. Cuidado con los parásitos. Un parásito es cualquier ente que se te prenda a ti o a tu cónyuge y le quite la vida a tu matrimonio. En general, tienen la forma de alguna adicción, como los juegos de azar, las drogas o la pornografía. Prometen placer, pero crecen como una enfermedad y consumen más y más tus pensamientos, tu tiempo y tu dinero. Les roban tu lealtad y tu corazón a las personas que amas. Los matrimonios casi nunca sobreviven si hay parásitos. Si amas a tu cónyuge, debes destruir cualquier adicción que controle tu corazón. Si no lo haces, te destruirá.

Así que, como esposa, comprende que tienes una función protectora en el matrimonio. Debes guardar tu corazón y no dejar que se aleje con novelas, revistas y otras formas de entretenimiento que empañan tu percepción de la realidad y le imponen expectativas injustas a tu esposo. Haz tu parte para ayudarlo a sentirse fuerte, mientras evitas las fantasías televisivas que pueden alejar tu corazón de tu familia. «La mujer sabia edifica su casa, pero la necia con sus manos la derriba» (Proverbios 14:1).

Esposo, eres la cabeza de tu hogar. El responsable ante Dios de proteger la puerta y mantenerte firme contra cualquier cosa que amenace a tu esposa o tu matrimonio. No es una tarea insignificante. Requiere un corazón valiente y una mente de acción preventiva. Jesús dijo: «Si el dueño de la casa hubiera sabido a qué hora de la noche iba a venir el ladrón, hubiera estado alerta y no hubiera permitido que entrara en su casa» (Mateo 24:43). Este es tu papel. Tómalo en serio.

EL DESAFÍO DE HOY

QUITA TODO OBSTÁCULO PARA LA RELACIÓN, CUALQUIER ADICCIÓN O INFLUENCIA QUE ROBE TU AFECTO Y ALEJE TU CORAZÓN DE TU CÓNYUGE.

__ Haz una marca aquí cuando hayas completado el desafío de hoy.

¿De qué te deshiciste primero? ¿Necesitas quitar más cosas? ¿Qué esperas lograr en tu vida, en tu matrimonio y en tu relación con Dios al quitar estos obstáculos?

Para encontrar ayuda para lidiar con el «parásito» de la pornografía, ver el Apéndice VII en la página 220.

Si [...] alejas de tu casa la maldad, serás del todo restaurado. (Job 22:23, NVI)

DÍA 24
El amor en oposición a la lujuria

El mundo pasa, y también sus pasiones, pero el que hace la voluntad de Dios permanece para siempre. —1 Juan 2:17

Adán y Eva tenían todo lo que necesitaban en el huerto de Edén. Tenían comunión con Dios e intimidad entre ellos. Pero cuando a Eva la engañó la serpiente, vio el fruto prohibido y lo deseó con todo su corazón. Poco después, Adán participó de su pecado y, en contra del mandamiento de Dios, los dos comieron.

Así es el proceso: desde los ojos al corazón, y luego a la acción. Después, vienen la vergüenza y el arrepentimiento.

Nosotros también tenemos todo lo que necesitamos para una vida plena, productiva y enriquecedora. Jesús prometió que nuestras necesidades materiales de alimento y vestido siempre estarían cubiertas por ser hijos de Dios (Mateo 6:25-33). La Biblia afirma también que debemos contentarnos con estas cosas (1 Timoteo 6:8). No obstante, las bendiciones de Dios van mucho más allá de nuestras necesidades básicas. Sin medida, nos prodiga Su amor, Su Espíritu y Su Palabra.

Aun así, al igual que Adán y Eva, queremos más. Entonces, ponemos los ojos y el corazón en la búsqueda del placer mundano. Intentamos satisfacer necesidades legítimas de maneras ilegítimas. Muchos buscan satisfacción sexual en otra persona o en imágenes pornográficas diseñadas para que se parezcan a una persona real. Miramos, clavamos los ojos y fantaseamos. Intentamos ser discretos, pero apenas si apartamos la vista. Y una vez que la curiosidad capta nuestros ojos, el corazón se enreda. Entonces, actuamos en función de nuestra lujuria.

También podemos codiciar dinero, posesiones, poder, o tener una ambición orgullosa. Vemos lo que tienen los demás y lo queremos. Nuestro corazón se engaña y piensa: «Si solamente tuviera esto, podría ser feliz». Entonces, nos proponemos conseguirlo. «Pero los que quieren enriquecerse caen en tentación y lazo y en muchos deseos necios y dañosos que hunden a los hombres en la ruina y en la perdición» (1 Timoteo 6:9).

La lujuria se opone al amor. En lugar de estar agradecidos por lo que Dios nos ha dado, ponemos el corazón en algo que está fuera de los límites de Su provisión. La lujuria transforma cosas buenas que no tenemos en objetos de nuestra futura felicidad, y le quita ese lugar a Dios. Y en el caso de un creyente, es el primer paso para salir de la comunión con el Señor. Esto se debe a que cada posible objeto de tu lujuria (ya sea un joven compañero de trabajo, una actriz, una casa de medio millón de dólares o un auto deportivo) puede transformarse en una obsesión; en un ídolo del corazón.

La lujuria siempre genera más lujuria. «¿Por qué hay enemistades y riñas entre ustedes? ¿será que en el fondo del alma tienen un ejército de malos deseos?» (Santiago 4:1 BAD, paráfrasis). No importa cuán maravilloso o atractivo sea tu cónyuge; la lujuria siempre logra tu insatisfacción. Genera enojo, adormece el corazón y destruye los matrimonios. Lleva a la desolación en lugar de a la plenitud.

Es hora de desenmascarar la lujuria y mostrar qué es en verdad: una sed equivocada de satisfacción que solo Dios puede saciar. Es como una luz de advertencia en el tablero de mandos de tu corazón, que te alerta si estás impidiendo que el amor de Dios te llene. Cuando tienes los ojos y el corazón puestos en Él, tus acciones te guiarán a un gozo duradero en lugar de a ciclos interminables de reproche y condenación.

«Su divino poder nos ha concedido todo cuanto concierne a la vida y a la piedad, mediante el verdadero conocimiento de aquel que nos llamó por su gloria y excelencia, por medio de las cuales nos ha concedido sus preciosas y maravillosas promesas, a fin de que por ellas lleguéis a ser partícipes de la naturaleza divina, habiendo escapado de la corrupción que hay en el mundo por causa de la concupiscencia» (2 Pedro 1:3-4). Dios no te pide que abandones la lujuria y no la sustituyas con nada, lo cual te deja sin ningún consuelo o aventura que llene ese vacío. No te niega el placer; sencillamente, te dirige lejos de cuestiones pecaminosas e insatisfactorias hacia los placeres más grandes y puros que se encuentran en Él y en Su provisión. Dios quiere que descubras que nada te satisface como Jesús.

¿Qué ha estado seduciéndote, y atrayendo tus ojos y tu corazón? ¿Qué anhelas en este mundo como fuente de satisfacción? ¿Puedes admitir que no te hacen falta estas cosas? ¿Estás cansado de que la lujuria te mienta? ¿Estás harto de creer que los placeres prohibidos pueden mantenerte feliz y contento... cuando sabes que es imposible?

Entonces, vuelve a poner el corazón en Dios y participa del banquete de Su Palabra. Deja que Sus promesas de paz y libertad se abran paso en tu corazón. Confiesa cualquier deseo lujurioso como pecado, y permite que la culpa y la vergüenza que te agobian sean reemplazadas por el gozo del perdón divino. A diario, recibe el amor incondicional que Él ya te ha demostrado por medio de la cruz. Concéntrate en ser agradecido por todo lo que Dios ya te dio en lugar de elegir el descontento.

Descubrirás que lo que Él provee te llena tanto que ya no necesitas la comida chatarra de la lujuria.

Y mientras tanto, vuelve a poner los ojos y el corazón en tu cónyuge. «Sea bendita tu fuente, y regocíjate con la mujer de tu juventud [...], su amor te embriague para siempre. ¿Por qué has de embriagarte, hijo mío, con una extraña, y abrazar el seno de una desconocida? Pues los caminos del hombre están delante de los ojos del Señor, y Él observa todos sus senderos» (Proverbios 5:18-21).

«No améis al mundo ni las cosas que están en el mundo. Si alguno ama al mundo, el amor del Padre no está en él» (1 Juan 2:15). La lujuria es lo mejor que este mundo tiene para ofrecer, pero el amor te ofrece la mejor vida del mundo.

EL DESAFÍO DE HOY

PONLE FIN AHORA. IDENTIFICA CUALQUIER
OBSESIÓN U OBJETO DE LUJURIA EN TU VIDA Y
QUÍTALO. DISTINGUE CADA MENTIRA QUE HAS
TRAGADO AL BUSCAR EL PLACER PROHIBIDO Y
RECHÁZALA. NO SE PUEDE PERMITIR QUE LA
LUJURIA VIVA EN UNA HABITACIÓN TRASERA.
HAY QUE MATARLA Y DESTRUIRLA, HOY MISMO.
CONCÉNTRATE EN AGRADECER A DIOS PORQUE
ÉL Y SU PROVISIÓN PUEDEN SATISFACER TODAS
TUS NECESIDADES.

___ Haz una marca aquí cuando hayas completado el desafío de hoy.

¿Qué área de lujuria identificaste? ¿Qué precio te ha hecho pagar con el tiempo? ¿Cómo te ha alejado de la persona que quieres ser? Escribe sobre tu nuevo compromiso de buscar a Dios (y a tu cónyuge) en lugar de ir tras deseos insensatos.

_____

_____

_____

_____

_____

_____

Andad como libres, pero no uséis la libertad como pretexto para la maldad…
(1 Pedro 2:16)

«Me alegra muchísimo que Dios me haya llevado a cumplir El desafío
del amor. Me ha transformado en un mejor hombre, un mejor
padre y un mejor esposo». —Ricardo

Día 25
El amor perdona

… lo que yo he perdonado, si algo he perdonado,
lo hice por vosotros en presencia de Cristo.
—2 Corintios 2:10

Este desafío es difícil… quizás el más difícil del libro. Pese a esto, si quieres que tu matrimonio tenga esperanza, es necesario tomarlo con absoluta seriedad. Los terapeutas y los pastores que trabajan en forma regular con parejas deshechas te dirán que es el problema más complejo de todos, una ruptura que suele ser la última en repararse. El perdón no solo debe considerarse, sino que hay que ponerlo en práctica en forma deliberada. Sin perdón, no habrá un matrimonio exitoso.

Jesús pintó una imagen viva del perdón en Su parábola del siervo desagradecido. Describió a un hombre que debía una suma impresionante de dinero, y se sorprendió cuando su amo canceló su deuda por completo. Sin embargo, una vez que lo liberaron de esta gran carga, el siervo fue a ver a otro hombre que le debía una suma mucho menor y, sin misericordia, lo arrojó en la cárcel por no pagar. Cuando el amo se enteró de esta falta de perdón, confrontó al siervo y restauró la deuda original. «Y enfurecido su señor, lo entregó a los verdugos hasta que pagara todo lo que le debía» (Mateo 18:34).

Verdugos. Prisión. Cuando piensas en la falta de perdón, esto debería venirte a la mente, porque Jesús dijo: «Así también mi Padre celestial hará con vosotros, si no perdonáis de corazón cada uno a su hermano» (Mateo 18:35).

Imagina que te encuentras en una cárcel. Al mirar a tu alrededor desde donde estás, puedes visualizar varias celdas. Allí ves personas de tu pasado que están encarceladas: personas que te hirieron cuando eras pequeño. Ves a los que una vez fueron tus amigos, pero que en algún momento de la vida te trataron injustamente. Quizás veas a tus padres, tal vez a algún hermano u otro miembro de la familia. Aun tu cónyuge está encerrado allí cerca, atrapado con los demás en esta cárcel de tu imaginación.

Como verás, esta prisión es una habitación de tu propio corazón. Esta cámara oscura, fría y deprimente existe en tu interior todos los días. Sin embargo, no demasiado lejos, Jesús está allí de pie, y te ofrece una llave que puede liberar a todos los presos. Te pide que perdones a todos.

No. No quieres saber nada con eso. Estas personas te hirieron demasiado. Sabían lo que hacían y, sin embargo, lo hicieron… incluso tu cónyuge, la persona en la que más deberías haber podido confiar. Así que te resistes y te vas. No quieres permanecer más allí. Ver a Jesús, ver la llave en Su mano, saber lo que está pidiéndote que hagas… es demasiado.

Cuando intentas escapar, descubres algo alarmante: no hay salida. Estás atrapado adentro con los demás presos. Tu falta de perdón, tu enojo y tu amargura te han transformado en prisionero también. Al igual que el siervo de la historia de Jesús, al cual le perdonaron una deuda imposible, has elegido no perdonar y te han entregado a los carceleros y los verdugos. Ahora, tu libertad depende de tu perdón.

En general, llegar a esta conclusión lleva un tiempo. Ves que perdonar supone toda clase de peligros y riesgos, porque sientes que lo que estas personas hicieron estuvo realmente mal, lo admitan o no. Quizás ni siquiera estén arrepentidos. Tal vez sientan que sus acciones estaban perfectamente justificadas, e incluso lleguen a culparte a *ti*.

Sin embargo, el perdón no absuelve a nadie de la culpa. No quedan a cuentas con Dios. Simplemente, te libera de tener que preocuparte de su castigo. Cuando perdonas a alguien, no lo declaras inocente. Se lo entregas a Dios, con quien puedes contar para que se encargue de esa persona a Su manera. Te ahorras el problema de preparar más discusiones o de intentar imponerte en esta situación. Ya no se trata de ganar o perder. Se trata de ser libre. De dejarlo de lado. De ofrecer la misma misericordia que te fue dada.

Por eso, a menudo escuchas que las personas que han perdonado de verdad dicen: «Parece que me hubieran quitado un peso de encima». Sí, es *exactamente* eso. Es como una bocanada de aire refrescante que entra en tu corazón. La fría oscuridad de la prisión se inunda de luz y frescura. Por primera vez en mucho tiempo, te sientes en paz. Te sientes libre.

¿Pero cómo lo logras? Le entregas al Señor tu enojo y la responsabilidad de juzgar y castigar a esta persona. «Amados, nunca os venguéis vosotros mismos, sino dad lugar a la ira de Dios, porque escrito está: "Mía es la venganza, yo pagaré", dice el Señor» (Romanos 12:19). Tal vez sientas igualmente la necesidad de confrontar a la persona por lo que te hizo (Mateo 18:15), pero el perdón tiene que producirse antes; ahora.

¿Cómo sabes que lo has hecho? Lo sabes cuando al pensar en el nombre de la persona o al ver su rostro, en lugar de hervirte la sangre, sientes lástima por ella; esperas que cambie de verdad.

Sabiendo que Dios es el Juez sobre todas las cosas, Jesús dijo que si tenemos algo contra alguien, debemos perdonar (Marcos 11:25), y *nunca* dejar de hacerlo (Mateo 18:22). La amargura envenena y le quita la vitalidad a toda relación.

Así que, a fin de cuentas, el romance, la intimidad y el disfrute de tu matrimonio dependen en gran manera del compromiso mutuo de *permitir* que haya perdón entre ustedes. Los matrimonios excelentes no están formados por personas que nunca se hieren, sino por gente que «no toma en cuenta el mal recibido» (1 Corintios 13:5).

EL DESAFÍO DE HOY

HOY MISMO, PERDONA CUALQUIER COSA QUE
NO LE HAYAS PERDONADO A TU CÓNYUGE.
SUÉLTALO. ASÍ COMO LE PEDIMOS A JESÚS
QUE PERDONE NUESTRAS DEUDAS CADA
DÍA, DEBEMOS PEDIRLE QUE NOS AYUDE A
PERDONAR A NUESTROS DEUDORES. LA FALTA
DE PERDÓN LOS HA MANTENIDO A TI Y A TU
CÓNYUGE ENCARCELADOS DURANTE MUCHO
TIEMPO. DESDE TU CORAZÓN, DECLARA:
«DECIDO PERDONAR».

__ Haz una marca aquí cuando hayas completado el desafío
de hoy.

¿Por qué perdonaste a tu cónyuge hoy? ¿Cuánto tiempo lle-
vaste a cuestas ese peso? Ahora que le entregaste esta cuestión a
Dios, ¿qué posibilidades se te presentan?

_____

_____

_____

_____

_____

_____

_____

… Padre, perdónalos, porque no saben lo que hacen… (Lucas 23:34)

«Nos perdonamos mutuamente y estamos comenzando otra vez». —Andrea

Día 26
El amor es responsable

… al juzgar a otro, a ti mismo te condenas, porque tú que juzgas practicas las mismas cosas. —Romanos 2:1

Dios ha diseñado el regalo del matrimonio con muchos beneficios invalorables. Los estudios muestran que las personas casadas son más felices, saludables, viven más, ganan más dinero y tienen mejores vidas sexuales. Además, crían hijos más saludables y felices que los que no se casan. ¿Te das cuenta del valor que añade tu cónyuge a tu vida? Es casi incomprensible.

Pero como con toda cosa en la vida, los beneficios que disfrutamos en el matrimonio dependen de cuán responsables seamos al cuidar la relación. Por eso, la responsabilidad personal es uno de los requisitos más importantes del amor. Poco popular, es cierto. Pero es lo que determina si un matrimonio será una unión gloriosa o un fracaso devastador.

Cada matrimonio es un jardín vivo, bajo el cuidado del esposo y la esposa. De los dos. Cuanto más responsable seas en cumplir tus votos, funciones y obligaciones, más disfrutarás de las numerosas delicias y maravillas de la unidad entre ustedes. Pero cuanto menos responsable te vuelvas, más dolorosas y divisivas serán las consecuencias.

Es insensato, por ejemplo, que un hombre desee tener hijos saludables y una excelente intimidad en el dormitorio, pero que no levante un dedo para ayudar a su esposa en la casa o con la crianza de los hijos. Es insensato que una mujer espere tener estabilidad financiera y un matrimonio feliz, pero gaste sin límite y se niegue a satisfacer las necesidades sexuales de su esposo. El amor y la sabiduría nos llevan a no descuidar nuestras responsabilidades.

¿Qué me dices de ti? ¿Cómo estás honrando lo que prometiste en el altar? ¿Tu matrimonio florece bajo tu cuidado o está marchitándose? ¿Estás dejando que tu cónyuge lleve todo el peso o buscas maneras de aliviarle la carga? El amor nos llama a hacernos completamente responsables de nuestro compañero en el matrimonio. Nos llama a amarlo, valorarlo y ayudarlo.

Pero eso no es todo. El amor nos llama a hacernos responsables de algo más en nuestro matrimonio: *nuestros propios errores.*

Somos sumamente rápidos para justificar nuestras faltas; rápidos para desviar la crítica; para criticar a nuestro cónyuge, a quien es siempre más fácil culpar. En general, creemos que nuestra opinión es la correcta y pensamos que, dadas las mismas circunstancias, cualquiera hubiera hecho lo mismo en nuestro lugar. Pero el amor no culpa al otro ni justifica las equivocaciones. No pone excusas. En cambio, enfrenta la realidad en lo que respecta a debilidades y fallas personales que necesitan ser tratadas.

Así que, la próxima vez que estés en medio de una discusión con tu cónyuge, detente a ver si hay algo que valga la pena escuchar. ¿Qué sucedería si en lugar de negar todo, culpar al otro y preocuparte por lo que vas a responder, recibieras la reprensión con humildad y te hicieras responsable de tus errores? Como afirma la Escritura: «Reprende al sabio, y te amará» (Proverbios 9:8). El amor es sabio y complaciente. Está dispuesto a admitir y a corregir sus errores. A confesar, arrepentirse y cambiar. Anhela restaurar la relación con el otro. ¡Eso es amor!

Quizás pase un tiempo hasta que se cree en ti un verdadero corazón arrepentido. El orgullo se resiste a la responsabilidad, pero la humildad y la sinceridad ante Dios y hacia tu cónyuge son cruciales para una relación saludable. Esto no significa que siempre estés equivocado ni que debas dejarte pisotear; pero si algo está mal entre tú y Dios o entre tú y tu cónyuge, arreglar las cosas debería ser tu prioridad.

¿Te haces responsable de tus errores? ¿Algo de lo que le has dicho o hecho a tu cónyuge está mal? ¿Y a Dios? «Si decimos que no tenemos pecado, nos engañamos a nosotros mismos y la verdad no está en nosotros» (1 Juan 1:8). Sin embargo, «si confesamos nuestros pecados, Él es fiel y justo para perdonarnos los pecados y para limpiarnos de toda maldad» (1 Juan 1:9). La negación nos lleva a vivir una mentira, pero recibimos misericordia de Dios cuando confesamos.

Lo mismo sucede en el matrimonio.

El perdón trae increíbles progresos. Puede derribar paredes de resistencia, reconstruir puentes en la relación, destapar tuberías de comunicación y volver a encender sentimientos de afecto. Aun si tu cónyuge está 90% equivocado, cuanto antes ofrezcas una disculpa sincera por tu 10%, más rápido podrá comenzar la sanidad y la restauración.

¿Tu cónyuge puede decir que lo has ofendido o herido y que nunca le pediste perdón? Si así es, es hora de humillarte, ser sincero respecto a tus ofensas y reparar el daño. *Es un acto de amor*. Dios no quiere asuntos pendientes entre ustedes. Nunca. Pídele al Señor que te muestre en dónde has fracasado en tu responsabilidad y arregla las cosas con Él primero. Cuando lo hayas hecho, resuelve los problemas con tu cónyuge.

No obstante, para hacerlo en forma sincera, debes tragarte el orgullo y buscar el perdón, sin importar cuál sea la respuesta de tu cónyuge. Tu responsabilidad de resolver con valentía tus propios problemas no debería verse afectada por la respuesta amable o fría de tu pareja. Quizás sea lo más difícil que hayas hecho jamás, pero es crítico para dar el próximo paso en tu matrimonio y con Dios. Si eres sincero, tal vez te sorprenda la gracia y la fortaleza que el Señor te concede al dar este paso. El amor siempre nos impulsa a aceptar nuestra responsabilidad.

EL DESAFÍO DE HOY

SEPARA TIEMPO PARA ORAR POR LAS ÁREAS EN
QUE ERES RESPONSABLE Y EN LAS QUE HAS
OBRADO MAL. PÍDELE PERDÓN A DIOS Y LUEGO
HUMÍLLATE LO SUFICIENTE COMO PARA
CONFESÁRSELAS A TU CÓNYUGE. HAZLO CON
SINCERIDAD. PÍDELE PERDÓN A TU CÓNYUGE
TAMBIÉN. SIN IMPORTAR CÓMO RESPONDA,
ASEGÚRATE DE CUMPLIR CON
TU RESPONSABILIDAD EN AMOR.

__ Haz una marca aquí cuando hayas completado el desafío
de hoy.

¿Cómo reaccionó tu cónyuge cuando le pediste perdón?
¿Qué necesita ver para creer que tu confesión fue más que
simples palabras?

_____

_____

_____

_____

_____

_____

_____

*Que cada uno examine su propia obra [...] solamente
con respecto a sí mismo... (Gálatas 6:4)*

«Si hace un año me hubieran preguntado si quería estar con ella, habría contestado que dejaría atrás el pasado. Pero Dios me ha mostrado lo que es el amor puro». —Cristian

DÍA 27
El amor alienta

Guarda mi alma y líbrame; no sea yo avergonzado,
porque en ti me refugio. —Salmo 25:20

El matrimonio suele alterar nuestra visión. Entramos con la expectativa de que nuestro cónyuge satisfaga nuestras esperanzas y nos haga felices; pero esto es imposible. Así que, nuestras expectativas poco realistas generan desilusión. Cuanto más altas sean tus expectativas, más probable será que tu cónyuge te falle y te cause frustración.

Si ella siempre espera que su esposo llegue a tiempo, le lea la mente y comprenda sus necesidades… si él siempre espera que ella luzca radiante, apoye sus decisiones a ciegas y esté emocionalmente lista para tener relaciones sexuales… los dos esposos se preparan para el fracaso a diario. Lo más probable es que pasen la mayor parte de su vida de casados con una constante desilusión. En cambio, si son lo suficientemente realistas como para comprender que su cónyuge es humano, olvidadizo, y a veces, débil y desconsiderado, se alegrarán más cuando el otro *sí* sea responsable, amoroso y amable.

El divorcio es casi inevitable cuando las personas no permiten que sus cónyuges sean humanos. Así que debe haber una transición en tu forma de pensar. Decide vivir guiado por el *estímulo* en lugar de las *expectativas*.

Es probable que, en el futuro, tu cónyuge sea igual a lo que ha sido durante los últimos diez años, aparte de tu estímulo amoroso y de la intervención de Dios. Por eso, el amor se concentra en la responsabilidad personal y en mejorarse a uno mismo en lugar de exigir más de los demás.

Jesús lo explicó diciendo: «¿Cómo puedes decir a tu hermano: "Déjame sacarte la mota del ojo", cuando la viga está en tu ojo? ¡Hipócrita! Saca primero la viga de tu ojo, y entonces verás con claridad para sacar la mota del ojo de tu hermano» (Mateo 7:4-5).

¿Tu cónyuge siente que vive con un inspector de motas? ¿Vive siempre nervioso o temeroso de no estar a la altura de tus expectativas? ¿Diría que la mayor parte de los días percibe tu desaprobación más que tu aceptación?

Quizás tu respuesta sería que el problema no es tuyo, sino de tu cónyuge. Si en verdad falla en muchas áreas, ¿qué culpa tienes? Crees que los dos deben hacer todo lo posible para que el matrimonio funcione. Tal vez tu cónyuge piensa que eres demasiado crítico, pero tú crees que las cuestiones que sacas a relucir son legítimas. No dices que eres perfecto, de ninguna manera, pero deberías poder señalar áreas genuinas de problemas. ¿No es así?

El problema con esta mentalidad es que pocas personas pueden responder a la crítica con alegría. Cuando tu cónyuge se da cuenta de que no estás contento con él (ya sea por una confrontación directa o porque lo ignoras con frialdad), es difícil que no se sienta desanimado en lugar de motivado.

Después de todo, a diferencia de cualquier otra amistad, cuando comenzó la relación con tu cónyuge, los dos hacían lo imposible por complacer al otro. Nunca imaginaste que llegaría el momento en que casi todo lo que hiciera el otro te parecería errado e incluso te costara *querer* a esta persona.

Cuando las esperanzas reciben una dosis diaria de fría realidad, tu reacción natural es comunicar una frustración constante con el otro. Pero por desgracia, en lugar de lograr que tu cónyuge quiera corregir su conducta, tu desaprobación solo hace que quiera alejarse o empeorar la situación.

El amor es demasiado inteligente para eso. En vez de colocar a tu cónyuge en una posición ideal para rebelarse, el amor le ofrece gracia y le da lugar para ser él mismo. Aun si eres una persona exigente, perfeccionista e inclinada a obtener resultados, el amor te llama a guiar con el ejemplo y a no forzar las mismas expectativas sobre el desempeño de tu cónyuge.

El matrimonio es una relación para disfrutar y saborear en el camino de la vida. Es una amistad única diseñada por Dios mismo, en la cual dos personas viven juntas en imperfección, pero la enfrentan alentándose y edificándose mutuamente, en lugar de agobiarse y menospreciarse.

La Biblia declara: «Fortaleced las manos débiles y afianzad las rodillas vacilantes» (Isaías 35:3). «Anímense y edifíquense unos a otros [...]. Estimulen a los desanimados, ayuden a los débiles y sean pacientes con todos» (1 Tesalonicenses 5:11,14; NVI).

¿Acaso no quieres que la vida de casado te permita expresarte con libertad y crecer dentro de un ámbito seguro, donde recibas aliento aun cuando fracases? Tu pareja también lo desea, y el *amor* le da ese privilegio.

Si tu cónyuge te ha dicho más de una vez que lo haces sentir derribado y derrotado, es necesario que tomes en serio estas palabras. Puedes elegir ser un ancla crítica que mantenga al otro estancado o un ala obsequiosa que lo ayude a remontar vuelo. Para comenzar, puedes bajar su nivel de tensión; no agotarlo ni agobiarlo. Dios no ha terminado de obrar en tu cónyuge; así que confía en Él.

Deja de esperar que tu esposo o esposa comprenda todo lo que piensas, desee todo lo que anhelas y logre todo lo que esperas. Por más que quisiera hacerlo, no puede. En cambio, que tu aprecio lo inspire. Que tus oraciones sinceras y tu alabanza estratégica lo fortalezcan. Concéntrate en sus puntos fuertes y señala todo lo que hace bien. Deja que tus palabras lo lleven a una nueva altura. Entonces, esa persona que Dios diseñó comenzará a surgir con una nueva confianza y un amor que te inspire en los años por venir.

EL DESAFÍO DE HOY

Elimina de tu hogar el veneno de las expectativas poco realistas. Piensa en una o dos áreas donde tu cónyuge te haya dicho que esperas demasiado, y dile que lamentas haberle exigido tanto. Elógialo por algo positivo y afírmale tu amor incondicional.

__ Haz una marca aquí cuando hayas completado el desafío de hoy.

Cuando esperas demasiado de tu cónyuge en áreas en las cuales no tiene una motivación interior para superarse, ¿qué te dice eso sobre ti? ¿De qué maneras puedes manejar mejor estas discrepancias? Menciona algunas cosas que tu cónyuge haya hecho bien últimamente, por las que puedas demostrar tu gratitud.

Consideremos cómo estimularnos unos a otros al amor y a las buenas obras.
(Hebreos 10:24)

«Usa este libro. Léelo y sigue leyendo. Es una sensación increíble
volver a dar amor». —Miguel

DÍA 28
El amor se sacrifica

… Él puso su vida por nosotros; también nosotros debemos poner nuestras vidas por los hermanos. —1 Juan 3:16

La vida puede ser difícil. Aunque, por lo general, queremos decir que *nuestra* vida puede ser difícil. Cuando *a nosotros* nos maltratan o nos causan molestias, somos los primeros en sentirlo. Con rapidez, nos ponemos de malhumor cuando percibimos que se nos priva de algo o no se nos aprecia. Cuando la vida nos resulta difícil, nos damos cuenta.

Sin embargo, muchas veces, la única forma de darnos cuenta de que la vida es difícil para nuestro cónyuge es cuando comienza a quejarse. Entonces, en lugar de preocuparnos de verdad o de correr a ayudar, quizás pensemos que tiene una mala actitud. No nos damos cuenta del dolor y la presión que *él* atraviesa así como lo hacemos con *nuestro* dolor y *nuestras* presiones. Cuando queremos quejarnos, esperamos que todos comprendan y se compadezcan de nosotros.

Esto no sucede cuando hay amor. No es necesario que las señales evidentes de angustia despierten de un sacudón el amor. Antes de que las preocupaciones y los problemas comiencen a asediar a tu cónyuge, el amor ya se ha puesto en acción. Discierne la carga que empieza a acumularse e interviene para ayudar, porque el amor quiere que seas sensible con tu cónyuge.

El amor se sacrifica. Te mantiene tan sintonizado con las necesidades del otro que a menudo respondes sin que te lo pida. Y cuando no te das cuenta de antemano y tu cónyuge debe decirte lo que sucede, el amor va directamente al centro del problema. De manera rápida y directa.

Aun si la tensión de tu esposo o esposa se exterioriza en palabras de acusación personal, el amor demuestra compasión en lugar de ponerse a la defensiva. Puede mirar más allá de una queja y ver a la persona herida y con una necesidad sin satisfacer que pide a gritos ayuda. Entonces, el amor se dedica a suplir esa necesidad en forma estratégica. En lugar de quedarte de brazos cruzados, enojado porque no te tratan como deberían, deja que el amor te saque de la autocompasión y te ayude a concentrarte en descubrir y suplir las necesidades ocultas de tu cónyuge.

Es lo que hizo Jesús. «Puso su vida por nosotros» para mostrarnos que «debemos poner nuestras vidas» por los demás (1 Juan 3:16). Nos enseñó que el amor se evidencia al ver una necesidad en los demás y hacer todo lo posible para satisfacerla. «Porque tuve hambre, y me disteis de comer; tuve sed, y me disteis de beber; fui forastero, y me recibisteis; estaba desnudo, y me vestisteis; enfermo, y me visitasteis; en la cárcel, y vinisteis a mí» (Mateo 25:35-36).

Tienes que estar atento a esta clase de necesidades en tu cónyuge:

- ¿Tiene «hambre» (te necesita sexualmente, aun cuando no tengas ganas)?
- ¿Tiene «sed» (anhela el tiempo y la atención que pareces poder darle a todos los demás)?
- ¿Se siente como un «forastero» (inseguro en su trabajo, con la necesidad de que el hogar sea un refugio y un santuario)?
- ¿Está «desnudo» (necesitado de la cálida cobertura de tu afirmación amorosa)?
- ¿Se siente «enfermo» (con cansancio físico y con la necesidad de que lo ayudes a protegerte de las interrupciones)?
- ¿Se siente en una «prisión» (temeroso y deprimido, con la necesidad de cierta seguridad e intervención)?

El amor está dispuesto a sacrificarse para estar seguro de que des lo mejor de ti para satisfacer las necesidades de tu esposo o esposa. Cuando tu cónyuge se siente abrumado y con la soga al cuello, el amor te llama a dejar de lado lo que parece esencial en tu propia vida para ayudar a rescatarlo, aunque más no sea con el regalo de escuchar.

A menudo, lo único que quiere es hablar de la situación. Necesita ver en tus ojos atentos que te importa de verdad lo que esto le cuesta y que quieres ayudarlo a buscar respuestas. Necesita que ores con él para saber qué hacer y que estés pendiente de cómo van las cosas.

Las palabras «¿cómo estás?» y «¿cómo puedo ayudarte?» deben estar siempre en tus labios.

Quizás la solución te resulte sencilla, o puede ser compleja, costosa, y requerir tiempo, energía y un gran esfuerzo. De cualquier modo, Dios te dará una perspectiva única de la presión que experimenta tu cónyuge, y la capacidad singular de intervenir y reducir en gran manera el nivel de estrés. «Llevad los unos las cargas de los otros, y cumplid así la ley de Cristo» (Gálatas 6:2). Jesús voluntariamente llevó nuestros problemas sobre Su espalda. Y nos da la gracia y la capacidad de hacer lo mismo por los demás.

Cuando los creyentes del Nuevo Testamento comenzaron a caminar en amor, su vida juntos se caracterizaba por compartir todo y por el sacrificio. Su motivación era alabar al Señor y servir a Su pueblo. «Todos los que habían creído estaban juntos y tenían todas las cosas en común; vendían todas sus propiedades y sus bienes y los compartían con todos, según la necesidad de cada uno» (Hechos 2:44-45). Como le dijo Pablo a una de estas iglesias más adelante: «Y yo muy gustosamente gastaré lo mío, y aun yo mismo me gastaré por vuestras almas» (2 Corintios 12:15). Las vidas que han sido resucitadas por el inmenso sacrificio de Jesús deberían estar listas y dispuestas a hacer pequeños sacrificios diarios por aquellos a nuestro alrededor que necesitan nuestro amor.

EL DESAFÍO DE HOY

¿CUÁL ES LA MAYOR NECESIDAD EN LA
VIDA DE TU CÓNYUGE EN ESTE MOMENTO?
¿PUEDES SACARLE ALGUNA NECESIDAD DE LOS
HOMBROS SI HACES UN SACRIFICIO AUDAZ?
NO IMPORTA SI LA NECESIDAD ES GRANDE O
PEQUEÑA, PROPONTE HACER LO QUE PUEDAS
PARA SATISFACERLA.

___ Haz una marca aquí cuando hayas completado el desafío
de hoy.

¿Qué parte del estrés de tu cónyuge se produce por tu falta
de preocupación o de iniciativa? Cuando expresaste tu deseo de
ayudar, ¿cómo lo recibió? ¿Puedes cubrir alguna otra necesidad?

_____

_____

_____

_____

_____

_____

_____

_____

Venid a mí, todos los que estáis cansados y cargados, y yo os haré descansar.
(Mateo 11:28)

«Lo haré otros 40 días, y otra vez y otra vez, hasta que esto se haya
arraigado en mi corazón». —Martín

DÍA 29
La motivación del amor

Servid de buena voluntad, como al Señor y no a los hombres.
—Efesios 6:7

En poco tiempo descubres que tu cónyuge no siempre motivará tu amor. Es más, muchas veces lo *desmotivará*. A menudo, parecerá difícil encontrar la inspiración para demostrárselo, y tal vez ni siquiera lo reciba cuando intentes expresarlo. Así es la naturaleza de la vida, incluso en matrimonios bastante saludables.

Sin embargo, aunque los cambios de humor y los sentimientos pueden crear toda clase de objetivos motivadores, podemos estar seguros de que una motivación permanecerá siempre en el mismo lugar: cuando *Dios* es tu razón para amar, tu capacidad de hacerlo está garantizada... porque el amor viene de Su parte.

Piénsalo de la siguiente manera. Cuando eras niño, tus padres probablemente establecían reglas. Te ibas a dormir a cierta hora, tu habitación debía estar bastante limpia. Tenías que terminar la tarea escolar antes de poder jugar. Si eres como la mayoría, te apartabas de las reglas tanto como las obedecías. Y de no ser por el incentivo de la fuerza y las consecuencias, quizás no las hubieras obedecido demasiado.

Pero en algún momento de la infancia, tal vez te enseñaron algo así: «Hijos, sed obedientes a vuestros padres en todo, porque esto es agradable al Señor» (Colosenses 3:20). Comenzaste a darte cuenta de que ya no solo tenías que responder a tus padres. Eso dejó de ser una batalla de voluntades entre tú y tu papá o tu mamá. Ahora debías responderle a Dios.

Sin embargo, resulta que la relación entre padres e hijos no es lo único que mejora cuando dejas que Dios sea tu motivación. Considera las siguientes áreas en las que agradar al Señor debería transformarse en tu objetivo:

El trabajo. «Todo lo que hagáis, hacedlo de corazón, como para el Señor y no para los hombres» (Colosenses 3:23).

El servicio. «Obedeced en todo a vuestros amos en la tierra, no para ser vistos, como los que quieren agradar a los hombres, sino con sinceridad de corazón, temiendo al Señor» (Colosenses 3:22).

Todo. Es necesario esforzarse en «todo lo que hagáis [...], sabiendo que del Señor recibiréis la recompensa de la herencia. Es a Cristo el Señor a quien servís» (Colosenses 3:23-24).

Aun el matrimonio. «Mujeres, estad sujetas a vuestros maridos, como conviene en el Señor» (Colosenses 3:18). «Maridos, amad a vuestras mujeres, así como Cristo amó a la iglesia y se dio a sí mismo por ella» (Efesios 5:25).

Esto significa que el amor que demuestras en el matrimonio debería tener un objetivo principal: *amar y honrar al Señor con devoción y sinceridad.* Tu función como esposo o esposa adquiere una nueva dimensión y motivación cuando la ves como un instrumento para expresar tu amor por Dios; cuando agradar al Señor se transforma en la *razón* detrás de *aquello* que haces.

La Biblia afirma que podemos amar a Dios con nuestra manera de tratar, servir y amar a los demás (1 Juan 3:17; 4:11-21). Así que, cada pensamiento, actitud o acción de amor en tu matrimonio puede transformarse en otra manera de decirle «te amo» al Señor. La bendición que tu cónyuge recibe en el proceso es simplemente un maravilloso beneficio adicional.

Tal vez creas que tu matrimonio o el amor por tu cónyuge sufrirán al transformar a Dios en el centro de tu concentración y tu deleite. Pero por el contrario, todo florecerá a medida que te acerques a Aquel que creó el matrimonio y que ama a tu cónyuge infinitamente más que tú.

Este cambio de visión y perspectiva es sumamente estratégico y crucial para un cristiano. Poder despertarte sabiendo que Dios es tu fuente y tu provisión (no solo para tus necesidades, sino también para las de tu cónyuge) cambia por completo el fundamento para interactuar con gracia con tu esposo o esposa. Esta persona imperfecta ya no decide cuánto amor mostrarás. Tu Dios perfecto en todo puede usar aun a una persona con fallas como tú para otorgar favor amoroso a otra.

¿Se ha vuelto difícil convivir con tu esposa últimamente? ¿Su lentitud para superar un desacuerdo está agotándote la paciencia? Entonces, no le niegues tu amor solo porque no piensa como tú. Ámala «como al Señor».

¿Tu esposo te deja de lado, no dice demasiado y parece estar meditando en algo de lo que no quiere hablar? ¿Estás cansada de que sea tan desconsiderado contigo y que ni siquiera les responda bien a los niños? Entonces, no reacciones con una doble dosis de silencio y desinterés. Ámalo de todas formas «como al Señor».

El amor al cual solo lo motiva el deber no puede resistir demasiado. Y el amor al que únicamente lo motivan las condiciones favorables nunca puede estar seguro de recibir suficiente oxígeno como para seguir respirando. Pero el que se eleva como ofrenda a Dios nunca pierde su fundamento y puede sostenerse cuando todas las demás variables han perdido la capacidad de vigorizarnos.

Las personas a quienes no les importa tener un matrimonio mediocre pueden dejar el amor librado al azar y esperar lo mejor. En cambio, si estás comprometido a darle a tu cónyuge el mejor amor que puedas, tienes que aspirar a la motivación inalterable del amor. El amor que tiene a Dios como su objetivo principal puede alcanzar alturas inimaginables. Cuando no sientas la motivación de hacerlo por tu *cónyuge*, hazlo por *Dios*.

EL DESAFÍO DE HOY

ANTES DE VOLVER A VER A TU CÓNYUGE HOY,
ORA POR ÉL Y MENCIONA SUS NECESIDADES.
SIN IMPORTAR SI TE RESULTA FÁCIL O NO, DILE
«TE AMO» Y LUEGO EXPRÉSALE ESE AMOR DE
ALGUNA MANERA TANGIBLE. VUELVE A ORAR Y
AGRADÉCELE A DIOS POR DARTE EL PRIVILEGIO
DE AMAR A ESTA PERSONA ESPECIAL…
EN FORMA INCONDICIONAL, COMO
ÉL LOS AMA A LOS DOS.

__ Haz una marca aquí cuando hayas completado el desafío de hoy.

¿Cómo afectará este cambio de motivación la relación y tus reacciones? ¿Qué te inspira a hacer? ¿Qué te inspira a dejar de hacer?

_____

_____

_____

_____

_____

_____

_____

… pero yo y mi casa, serviremos al SEÑOR. (Josué 24:15)

«Mi oración es transformar cada día en un "día de desafío"». —Javier

DÍA 30
El amor trae unidad

… Padre santo, guárdalos en tu nombre, el nombre que me has dado, para que sean uno, así como nosotros. —Juan 17:11

Algo asombroso de la Biblia es la manera en que está magníficamente unida, con temas coherentes a lo largo de 66 libros que comunican en armonía el plan redentor de Dios, de principio a fin. Aunque entrelaza la revelación divina en un período de 1600 años con 40 autores distintos, cada uno con diferentes trasfondos y niveles de habilidad, Dios inspiró Su Palabra con una voz unida. Y hoy sigue hablando con poder a través de ella, con perfecta relevancia y sin salirse jamás del mensaje.

Unidad. Unión. Homogeneidad. Son los distintivos inquebrantables de nuestro Dios.

Desde el principio de los tiempos, vemos Su unidad a través de la Trinidad: Padre, Hijo y Espíritu Santo. Dios el Padre estaba allí, creando los cielos y la Tierra. El Espíritu también estaba, y «se movía sobre la superficie de las aguas» (Génesis 1:2). Y el Hijo, «el resplandor de su gloria y la expresión exacta de su naturaleza» (Hebreos 1:3), se une en la creación del mundo por la palabra. «Hagamos al hombre a nuestra imagen, conforme a nuestra semejanza» (Génesis 1:26). Hagamos. Nuestra. Los tres están siempre en perfecta unidad de visión y propósito.

Siglos más adelante, vemos a Jesús, que vino a la Tierra como hombre, levantarse de las aguas del bautismo, mientras el Espíritu desciende sobre Él como una paloma y el Padre anuncia en esta escena majestuosa: «Este es mi Hijo amado en quien me he complacido» (Mateo 3:17).

El Padre, el Hijo y el Espíritu Santo tienen una unión impecable. Se sirven, se aman y se honran. Aunque son perfectos e inigualables, se gozan cuando uno recibe alabanza. Aunque son distintos, son uno, indivisible.

Y como esta relación es tan especial (representativa de la inmensidad y el esplendor de Dios), Él ha elegido dejarnos experimentar uno de sus aspectos en forma sumamente personal. En la relación única entre esposo y esposa, dos personas distintas se unen espiritualmente en «una sola carne» (Génesis 2:24). Y «lo que Dios ha unido, que no lo separe el hombre» (Marcos 10:9, NVI).

En realidad, este misterio es tan imperioso (y el amor entre los esposos está tan ligado y completo) que Dios diseñó la imagen del matrimonio para reflejar y explicar Su amor por la iglesia. La iglesia (la Esposa) se siente sumamente honrada cuando se alaba y se celebra a su Salvador. Cristo (el Esposo), quien se ha entregado por ella, se siente realmente honrado cuando la ve «como una iglesia radiante, sin mancha ni arruga ni ninguna otra imperfección, sino santa e intachable» (Efesios 5:27, NVI). Tanto Cristo como la iglesia se aman y se honran mutuamente.

Es lo hermoso de la *unidad*. Siempre fortalece las relaciones interpersonales y los hogares, mientras que la división los destruye.

¿Qué sucedería en tu matrimonio, esposo, si te dedicaras a amar, honrar y servir a tu esposa en todas las cosas? ¿Qué pasaría si decidieras que vale la pena cada sacrificio y expresión de amor que puedas hacer para conservar tu unidad con esta mujer? ¿Qué sucedería si manejaras con sabiduría cada conversación y malentendido, de manera de proteger la unidad entre ustedes?

¿Qué pasaría, esposa, si te propusieras como misión hacer todo lo posible para fomentar la unidad de corazón con tu esposo? ¿Qué sucedería si trataras cada amenaza a la unidad como veneno, como un cáncer, como un enemigo que el amor, la humildad y la abnegación tienen que eliminar? ¿En qué se transformaría tu matrimonio si nunca más estuvieras dispuesta a que se destruyera la unidad entre ustedes?

¿Y si tomáramos en serio estas palabras del apóstol Pablo? «Os ruego, hermanos, por el nombre de nuestro Señor

Jesucristo, que todos os pongáis de acuerdo, y que no haya divisiones entre vosotros, sino que estéis enteramente unidos en un mismo sentir y en un mismo parecer» (1 Corintios 1:10).

La unidad en el matrimonio requiere de un mismo parecer. Significa que la comunicación tiene que ser constante para disfrutar siempre de esa unión. Implica compartir pensamientos, valores, decisiones, planes, y entrelazar sus vidas para mantener un solo corazón, decidir en forma unánime y hablar con una voz. Y cuando algo o alguien perturba la unidad, los dos hacen lo que sea necesario para restaurarla. Para volver a estar de acuerdo.

La unión de la Trinidad, desde antes del inicio de la historia y proyectándose hacia el futuro, es la evidencia del poder de la unidad. Es irrompible. No tiene fin. Es maravillosa. Y es la misma realidad espiritual que se disfraza cada día con la forma de tu hogar y tu dirección postal. Aunque aparezca pintada con los colores de los horarios del trabajo, las visitas al doctor y las idas a la tienda de comestibles, la unidad es el hilo eterno que atraviesa la experiencia cotidiana de lo que llamamos «nuestro matrimonio», y le da un propósito para defender de por vida.

Por lo tanto, ama a esta persona que forma parte de tu cuerpo tanto como tú. Sirve a este individuo cuyas necesidades no pueden separarse de las tuyas. Hónralo porque cuando lo elevas al pedestal de tu amor, esto también te eleva como un reflejo más claro de Dios, todo al mismo tiempo.

EL DESAFÍO DE HOY

OBSERVA UNA CAUSA DE DIVISIÓN EN TU
MATRIMONIO Y CONSIDERA EL DÍA DE HOY
COMO UNA NUEVA OPORTUNIDAD PARA ORAR
AL RESPECTO. PÍDELE AL SEÑOR QUE TE
REVELE CUALQUIER ACTITUD DE TU CORAZÓN
QUE AMENACE LA UNIDAD CON TU CÓNYUGE.
ORA PARA QUE EL SEÑOR ABRA LAS LÍNEAS DE
COMUNICACIÓN PARA QUE PUEDAN PONERSE
DE ACUERDO Y PERMANECER EN UN MISMO
SENTIR. Y SI CORRESPONDE, HABLA CON
FRANQUEZA SOBRE ESTA CUESTIÓN, BUSCANDO
A DIOS PARA HALLAR LA UNIDAD.

__ Haz una marca aquí cuando hayas completado el desafío
de hoy.

¿El Señor te abrió los ojos a algo nuevo que pueda estar alimentando esta área de desacuerdo? ¿Cómo piensas responder?
¿Qué esperas que Dios haga en tu cónyuge también?

_____

_____

_____

_____

_____

… El Señor *es nuestro Dios, el* Señor *uno es.* (Deuteronomio 6:4)

«Quiero que mis hijos sepan lo maravilloso que puede ser el matrimonio
si Dios está en el centro». —Lisa

DÍA 31
El amor y el matrimonio

El hombre dejará a su padre y a su madre y se unirá a su mujer, y
serán una sola carne. —Génesis 2:24

Este versículo es el proyecto original de Dios para el
matrimonio. Su diseño específico de «un hombre + una mujer
= uno» fue establecido en la creación (Génesis 2:24), verifica-
do por Jesús (Marcos 10:6-9) y clarificado por el apóstol Pablo
(Efesios 5:31). Pero para funcionar bien, requiere una separación y un tejido de unión. Reconfigura las relaciones existentes
mientras establece otra completamente nueva. *El matrimonio
cambia todo.* Y las parejas que no toman en serio este mensaje de
«dejar» y «unirse» cosecharán las consecuencias más adelante,
cuando les sea mucho más difícil reparar los problemas sin
herir a alguien.

«Dejar» significa que rompes un vínculo natural. Tus
padres pasan a cumplir la función de consejeros a quienes hay
que respetar, pero ya no son una autoridad que puede decirte
qué hacer.

Sin embargo, a muchos recién casados les cuesta dejar atrás
a sus padres. O quizás, los padres no se sientan preparados para
soltar a su hijo de su control y sus expectativas, y no hagan
su parte en esta transacción necesaria. En estos casos, el hijo
adulto debe tomar por su cuenta la valiente decisión de «dejar».
Y demasiadas veces, esta separación no se hace bien.

Por supuesto, el propósito de «dejar» no es abandonar todo
contacto con el pasado, sino establecer y preservar la unidad
única para la cual está diseñado el matrimonio. Solo en unidad
puedes transformarte en todo lo que Dios quiere que seas. Si
estás demasiado unido a tus padres, si ellos o tus suegros pueden estipular cómo son las cosas, la identidad independiente
de tu matrimonio que Dios desea no podrá florecer. Siempre

permanecerás frenado y una raíz de división producirá malezas continuamente en tu relación.

Con amor, debes expresarles a tus padres que, aunque agradeces sus consejos y sus oraciones, tienen que darles a ti y a tu cónyuge espacio para tomar sus propias decisiones. Aun si reaccionan con sorpresa o parecen heridos, es un paso necesario para avanzar como pareja. La valentía y la claridad deben emplearse con amabilidad para liberar tu matrimonio de cualquier lazo poco saludable.

A veces, los vínculos enfermizos que mantienen los padres con sus hijos reflejan cuestiones sin resolver. Papá puede sentir que todavía le deben una disculpa o que no se ha perdonado una ofensa. Mamá puede temer que su hijo adulto no sobrevivirá sin ella. Quizás los dos sientan inseguridad al ajustarse al nido vacío. Tal vez sencillamente anhelen que les agradezcas por todo lo que han hecho o necesiten que les reafirmes tu amor. Sin importar cuál sea la razón, es sabio que el hijo casado lleve a sus padres a comer o les escriba una carta bien pensada para expresarles su amor genuino, su aprecio y su agradecimiento, junto con palabras de disculpas o aliento, según sea necesario.

Debes saber que cuestiones como estas no acabarán a menos que hagas algo al respecto. Tu mayor lealtad debe pasar desde tus padres a tu cónyuge. También tienes que dejar atrás viejas llamas y amigos, y concentrarte en tu pareja. Todos los demás pasan a un segundo plano y toman la distancia emocional adecuada como para dejarle lugar a la unión para que florezca. Porque, sin ese «dejar», no puedes lograr ese «unirse» necesario, el apego de los corazones, imprescindible para experimentar la unidad.

«Unirse» lleva la idea de buscar y atrapar a alguien, y aferrarse a esa persona como tu nueva ayuda y apoyo. Esta unión debería formar una unidad que beneficie todo lo que hagas. Este hombre es ahora el líder espiritual de tu nuevo hogar, y tiene la responsabilidad de proveer para ti, de protegerte y de amarte «así como Cristo amó a la iglesia y se dio a sí mismo por ella» (Efesios 5:25). Esta mujer está ahora unida a ti, llamada a ayudarte, a completarte maravillosamente, y apoyarte y respetarte como esposo de la misma manera que la iglesia respeta a Cristo (Efesios 5:22-33). Cuanto más comprendan a quién son llamados a representar cada día, más aumentará el valor de su matrimonio.

Sin embargo, muchas veces las parejas (incluso parejas cristianas) piensan que saben más que Dios e ignoran el propósito divino para su unión o los roles que Él diseñó. Poner en práctica Génesis 2:24 parece demasiado extraño o difícil. Así que se conforman con una manera de pensar mundana y descuidan este «dejar» y «unirse» que Dios diseñó. Están dispuestos a sacrificar la unidad y la fortaleza de la relación más importante de sus vidas para complacer a otros que no forman parte de este vínculo. No se dan cuenta de que cuanto más unificado está el matrimonio, más satisfechos y fuertes serán para manejar todos los demás roles y responsabilidades de la vida.

Por supuesto, es sumamente difícil cuando la búsqueda de la unidad es principalmente unilateral. Quizás, en este momento, a tu cónyuge no le interese recapturar la unidad y el propósito que Dios imprimió en el ADN del matrimonio. Aunque haya algún deseo de su parte, tal vez todavía existan problemas entre ustedes que están lejos de solucionarse.

No obstante, si oras y eres leal a tu cónyuge por sobre todos los demás, protegiendo la unidad entre ambos como un tesoro invalorable, el matrimonio comenzará a disfrutar de la majestuosa unión que Dios dispuso. Su decisión de hacerlos «una sola carne» en el matrimonio fue intencional, hermosa, eterna, y puede obrar milagros.

Así que deja. Únete. Y atrévete a caminar en unidad.

EL DESAFÍO DE HOY

¿TODAVÍA HAY ALGUNA ÁREA, CON TUS PADRES
U OTRA PERSONA, EN LA QUE NO HAYAS SIDO
LO SUFICIENTEMENTE VALIENTE COMO PARA
«DEJAR»? CONFIÉSALA A TU CÓNYUGE HOY
MISMO Y DECIDE SOLUCIONARLA. LA UNIDAD
DE TU MATRIMONIO DEPENDE DE ESO. LUEGO,
COMPROMÉTETE CON TU CÓNYUGE Y CON
DIOS A TRANSFORMAR TU MATRIMONIO
EN LA PRIORIDAD SOBRE TODA OTRA
RELACIÓN HUMANA.

___ Haz una marca aquí cuando hayas completado el desafío
de hoy.

¿Te ha resultado difícil lidiar con esta situación? ¿Cómo
ha afectado tu relación? Si el peor infractor en esta área es tu
cónyuge (con tus suegros), ¿cómo puedes lograr con amor una
situación mejor?

Que todos sean uno. Como tú, oh Padre, estás en mí y yo en ti... (Juan 17:21)

«Hemos aprendido muchísimo sobre el otro en estos 40 días. Aprendimos a amar en forma incondicional, a pasar tiempo juntos y a crecer espiritualmente como pareja». —Paula

DÍA 32
El amor satisface las necesidades sexuales

Que el marido cumpla su deber para con su mujer, e igualmente la mujer lo cumpla con el marido. —1 Corintios 7:3

En el matrimonio, el romance tiene que florecer y prosperar con vigor. Tanto el Antiguo como el Nuevo Testamento elogian la belleza del amor sexual dentro del contexto del matrimonio.

Por ejemplo, el Cantar de los Cantares, aunque a veces se malinterpreta como nada más que una alegoría sobre la pasión de Dios por Su pueblo, es también una hermosa historia de amor. Describe los actos sexuales entre un esposo y una esposa con bella poesía, mostrando cómo cada cónyuge ama con pasión y valora al otro en su relación romántica.

En algunos de sus otros escritos, Salomón dijo: «Sea bendita tu fuente, y regocíjate con la mujer de tu juventud, amante cierva y graciosa gacela; que sus senos te satisfagan en todo tiempo, su amor te embriague para siempre» (Proverbios 5:18-19). Palabras como estas —«bendita», «regocíjate», «satisfagan», «embriague»— nos recuerdan en forma vívida que la intimidad sexual es uno de los regalos de bodas más increíbles de Dios, para disfrutar en forma plena y habitual como esposos.

Todo es parte de celebrar lo que Dios nos ha dado con tanta bondad en la pareja: la pureza de estar desnudos, pero sin vergüenza (Génesis 2:25), dentro del pacto de un compromiso de por vida. A través del placer de la intimidad física, también se fortalece la intimidad relacional, emocional y espiritual. El amor fiel se traduce en un gozo abrumador, que produce una paz profunda y duradera que ninguna otra relación sexual fuera del matrimonio puede generar. Como parte de nuestra unión matrimonial, el sexo no tiene costo, culpa ni reproches.

Por eso, Dios solo aprueba *una* relación sexual: un hombre y una mujer que se han casado; y por eso, ha colocado límites de protección con tanto amor. Al proclamar que «sea el matrimonio honroso en todos, y el lecho matrimonial sin mancilla» (Hebreos 13:4), el Señor nos proporciona la única manera de proteger nuestra pureza moral (1 Corintios 7:1-2) y nuestros cuerpos físicos (1 Corintios 6:18), de honrar a nuestro cónyuge con fidelidad (Éxodo 20:14) y de que nuestras experiencias sexuales glorifiquen Su nombre (1 Corintios 6:19). Su intención no es limitar nuestro disfrute, sino protegerlo... y protegernos.

Sin embargo, somos débiles. Nos afecta el pasado. Nos engaña la cultura. Nos tientan nuestros deseos impuros. En secreto, algunos cristianos ven el sexo en el matrimonio como algo sucio o vergonzoso. A otros, los asedian recuerdos de inmoralidad y adulterio del pasado. Algunos han caído en la corriente destructiva de la pornografía, que alimenta su lujuria con alternativas humanas y pecaminosas a la experiencia de la unión sexual pura, sin mancha y satisfactoria que Dios diseñó. Como resultado, muchos esposos y esposas se han alejado emocionalmente y han permitido que la relación se vuelva rancia. Dejan afuera al otro, y le niegan algo precioso que le pertenece por derecho.

Dios estableció el matrimonio con una mentalidad de «una sola carne». «La mujer no tiene autoridad sobre su propio cuerpo, sino el marido. Y asimismo el marido no tiene autoridad sobre su propio cuerpo, sino la mujer» (1 Corintios 7:4). Son «uno» y se pertenecen el uno al otro. Eres la única persona en la Tierra llamada y designada por Dios para satisfacer las necesidades sexuales de tu cónyuge.

Así que «no os privéis el uno del otro», advierte la Biblia, «excepto de común acuerdo y por cierto tiempo, para dedicaros a la oración; volved después a juntaros a fin de que Satanás no os tiente por causa de vuestra falta de dominio propio» (1 Corintios 7:5). Si tu cónyuge te pide intimidad sexual, el amor insta a abrir la puerta y recibirlo. El sexo (o su interrupción) no debe usarse como un arma ni un elemento de negociación. La esencia del matrimonio es entregarnos el uno al otro para satisfacer las necesidades mutuas.

«Por precio habéis sido comprados» (1 Corintios 6:20). Dios puso los ojos en ti e hizo todo lo posible para atraerte y para que lo desearas. Ahora es tu turno de pagar el precio de amor para ganar el corazón de tu cónyuge. La relación sexual es la oportunidad que el Señor proporciona para practicar lo que implica *El desafío del amor*.

Pero en realidad, es aun más que eso.

La mayor celebración de todos los tiempos ocurrirá cuando los que conocen y aman a Jesucristo entren al cielo para estar con Él para siempre. Será la consumación de nuestro pacto de salvación, cuando la esposa de Cristo, la iglesia, por fin esté con su amado Esposo (Efesios 5:21-32). Aunque no se describe que haya actividad sexual en el cielo, Dios nos da un pequeño adelanto de la alegría celestial a través de la consumación física habitual del pacto entre esposos. El gozo temporal que sentimos durante el clímax sexual debería llevarnos a adorar a Dios, con la esperanza y la anticipación de una alegría mayor y más pura que será nuestra para siempre en el cielo.

Así que, cada vez que consumes la relación matrimonial sagrada, recuerda que la unión con tu cónyuge es una celebración de la intimidad matrimonial, el gran final del amor entre ambos. Y lo más importante, es para la gloria de tu santo Dios. ¡Adóralo con esta unidad por lo que Él ha hecho y por el gozo eterno que vendrá pronto!

EL DESAFÍO DE HOY

Si es posible, intenta hoy iniciar la relación sexual con tu cónyuge. Hazlo de una manera que honre lo que te haya dicho (o te haya dado a entender) sobre lo que necesita de ti en el área sexual. Pídele a Dios que los dos puedan disfrutarlo y que se transforme en un camino hacia una mayor intimidad.

__ Haz una marca aquí cuando hayas completado el desafío de hoy.

¿Fue una experiencia satisfactoria para ti? Si no salió como esperabas, ¿qué crees que complica la situación? ¿Has puesto esta cuestión en oración? Si fue una verdadera bendición para ambos, ¿qué puedes aprender de esto para el futuro?

_Para encontrar «Siete pasos para una mejor vida sexual»,
ver el Apéndice VIII en la página 224._

¡Qué hermosa y qué encantadora eres, amor mío…!
(Cantar de los Cantares 7:6)

DÍA 33
El amor completa al otro

Si dos se acuestan juntos se mantienen calientes,
pero uno solo ¿cómo se calentará?
—Eclesiastés 4:11

En el final triunfal de la creación, Dios hizo el primer matrimonio al tomar a un hombre y quitarle una parte para darle forma a la mujer. En este misterio del matrimonio, dos personas pueden unirse y volverse una. A pesar de que Adán estaba completo en Dios, descubrió que las necesidades que el Señor le había inculcado se satisfacían mejor con Eva, su complemento para la vida. Esto también es cierto en tu matrimonio. Aunque, si es necesario, el amor debe estar dispuesto a actuar en forma independiente, siempre es mejor cuando no se interpreta como solista.

Nuestros cuerpos, por ejemplo, están hechos el uno para el otro. Nuestros caracteres y temperamentos proporcionan equilibrio y nos permiten completar las tareas con más eficacia. Nuestra unidad puede producir hijos, y nuestro trabajo en equipo como padres es la mejor manera de criarlos para que tengan salud y maduren.

En donde uno es débil, el otro es fuerte. Cuando uno necesita que lo edifiquen, el otro está preparado para realzar y animar. Podemos multiplicar las alegrías mutuas y dividir las penas.

La Escritura afirma con sabiduría: «Más valen dos que uno solo, pues tienen mejor remuneración por su trabajo. Porque si uno de ellos cae, el otro levantará a su compañero; pero ¡ay del que cae cuando no hay otro que lo levante!» (Eclesiastés 4:9-10). Tus dos manos no solo coexisten juntas, sino que multiplican la efectividad entre sí. Y para obrar con éxito, ninguna está completa sin la otra.

Antes de que nacieras, el Señor ya sabía que un día te casarías con tu cónyuge. Y al diseñar sus diferencias de género, personalidad, orden de nacimiento, origen familiar y singularidad, creó en forma intencional necesidades en ambos y los diseñó con la capacidad de suplirlas mutuamente. Aunque estas diferencias suelen ser fuente de malentendidos y conflictos, han sido creadas por Dios y pueden ser bendiciones constantes si las respetamos.

Por ejemplo, quizás uno de ustedes cocine mejor, mientras que el otro sea más meticuloso para lavar los platos. Ella puede ser más dulce y mantener la paz entre los miembros de la familia, mientras que él maneja la confrontación y la disciplina en forma más directa y eficaz. Él quizás tenga una buena mentalidad de negocios, pero necesita que ella le recuerde que debe ser generoso. Cuando aprendemos a aceptar estas distinciones en nuestra pareja, podemos evitar la crítica y pasar directamente a ayudar y apreciar al otro.

Sin embargo, algunos parecen no poder superar estas diferencias. No las toleran, y como resultado, pierden muchas oportunidades. No aprovechan la singularidad que hace que cada uno sea más eficaz cuando incluye a su cónyuge.

Un ejemplo de la Biblia es Poncio Pilato, el gobernador romano que presidió el juicio de Jesús. Ignoraba quién era Cristo y permitió que la multitud lo influenciara para crucificarlo. Sin embargo, la esposa de Pilato era más sensible a lo que en realidad estaba sucediendo y se le acercó en pleno tumulto para advertirle. «Y estando él sentado en el tribunal, su mujer le mandó aviso, diciendo: No tengas nada que ver con ese justo, porque hoy he sufrido mucho en sueños por causa de Él» (Mateo 27:19).

Aparentemente, era una mujer de gran discernimiento, quien comprendió la magnitud de estos acontecimientos antes que su esposo. Sin duda, la soberanía de Dios estaba allí y nada podría haber impedido que Su Hijo marchara en obediencia a la cruz por nosotros. Sin embargo, el rechazo de Pilato a la intuición de su esposa revela un lado lamentable de la naturaleza del hombre que a menudo se minimiza. Dios hizo a las esposas para que completen a sus maridos y les da un discernimiento que muchas veces los hombres no tienen. Si se ignora, a menudo es en perjuicio del hombre que toma la decisión.

Cuando Dios miró a Adán y dijo: «le haré una ayuda idónea» (Génesis 2:18), el Creador sabía lo que hacía. Era consciente de que los hombres necesitan ayuda. Intentan funcionar solos, pero muchas veces fracasan. Así que, el título de «ayuda» que la esposa es para su marido es un cumplido importante, no una etiqueta de segunda clase ni una crítica. Es más, la Biblia habla del mismo Dios como nuestra ayuda (Salmo 124:8, NVI). Jesús se refirió al consuelo o la ayuda del Espíritu Santo (Juan 14:26). Un hombre que tiene una esposa dispuesta a ayudarlo a cumplir el plan de Dios para su vida tiene un tesoro invalorable.

El matrimonio es una de las maneras únicas de Dios para demostrarnos que no somos autosuficientes, que la efectividad de nuestro vínculo depende de que los dos trabajemos juntos. ¿Debes tomar decisiones importantes con respecto a las finanzas o a tus planes de jubilación? ¿No sabes cómo actuar correctamente respecto a una situación laboral? ¿Estás totalmente convencido de que las decisiones educativas para tus hijos están bien, sin importar lo que piense tu cónyuge?

No intentes analizar las cosas solo. No le quites a tu cónyuge el derecho a expresar su opinión en cuestiones que afectan a ambos. El amor comprende que Dios los ha unido a propósito. Y aunque quizás al final no estés de acuerdo con las opiniones de tu esposo o esposa, de todas formas deberías respetar su visión y considerarla con detenimiento. Esto honra el diseño de Dios para tu relación y protege la unidad que Él quiso que hubiera. Juntos son mejores que sus partes independientes. Se necesitan. Se completan.

RECONOCE QUE TU CÓNYUGE ES ESENCIAL PARA TU ÉXITO FUTURO. HOY MISMO, DÉJALE SABER QUE DESEAS INCLUIRLO EN TUS PRÓXIMAS DECISIONES, Y QUE NECESITAS SU OPINIÓN Y SU CONSEJO. SI EN EL PASADO HAS IGNORADO SUS APORTES, ADMITE TU DESCUIDO Y PÍDELE QUE TE PERDONE.

__ Haz una marca aquí cuando hayas completado el desafío de hoy.

¿Cómo respondió tu cónyuge? ¿Qué decisiones próximas pueden tomar juntos? ¿Qué aprendiste hoy sobre el papel de tu cónyuge?

... vestíos de amor, que es el vínculo de la unidad. (Colosenses 3:14)

«*Siento que ahora estamos más "enamorados", más que simplemente "comprometidos"*». —Alicia

Día 34
El amor celebra la piedad

[El amor] no se regocija de la injusticia, sino que se alegra
con la verdad. 1 Corintios 13:6

Cuanto más se acerquen a Dios tú y tu cónyuge, más amor habrá en el matrimonio (Juan 13:34-35). Nuestra función como esposo o esposa mejora muchísimo al crecer como cristianos. Las personas que no confían en Dios tienen limitaciones importantes y dependen de sus propios sentimientos cambiantes, de su forma de pensar egoísta y de sus esfuerzos humanos. Pero *junto* al Señor, tenemos acceso diario a Su caja de herramientas para el matrimonio. Su Palabra nos sustenta espiritualmente y nos equipa (2 Timoteo 3:16-17). Su consejo guía nuestros pensamientos y decisiones con sabiduría (Santiago 1:5). Su Espíritu Santo obra para mejorar nuestras actitudes y ayudarnos a madurar (Gálatas 5:22-25). Su amor boicotea cada acto de odio, cada engaño sutil y cada plan infiel.

Pero en esos días en los que, como creyentes, nos negamos a depender de Dios en oración, a caminar en Su amor y a obedecer Sus mandamientos, nos secamos espiritualmente. El orgullo y el egoísmo pueden comenzar a dominarnos. El enojo, la impaciencia y la desconsideración pueden volverse una reacción habitual. Entonces, nuestro cónyuge y nuestra familia tienen que lidiar con las consecuencias.

Caminar en comunión con Dios es mejor que mil libros sobre matrimonio o sesiones de terapia, por más útiles que sean estos recursos. Los hombres que caminan cerca de Dios cada día no engañan ni degradan a sus esposas. Cuando el Señor guía la boca de una mujer, ella alienta a su familia en lugar de quejarse o criticar. En pocas palabras, una de las prioridades principales para tu matrimonio debería ser cultivar a diario tu relación con Dios, mientras celebras el crecimiento espiritual en tu cónyuge.

¿Qué te enorgullece más de tu esposo? ¿Qué te hace rebosar de alegría respecto a tu esposa? ¿Te enorgullece cuando él vuelve a casa con un trofeo del torneo de golf o cuando ella encuentra una gran oferta en el centro comercial? ¿O te asombra más cuando tu esposo reúne a la familia para orar juntos y leer la Palabra o cuando tu esposa perdona al vecino cuyo perro le desenterró las plantas? Eres una de las personas con más influencia en la vida de tu cónyuge. Él querrá complacer a la persona que más lo elogie. ¿Has usado tu influencia para llevar a tu esposo o esposa a honrar a Dios?

El amor se regocija más en las cosas que agradan a Dios. Cuando tu cónyuge crece en el carácter cristiano, persevera en la fe, busca la pureza, da y sirve con alegría (se vuelve responsable en el ámbito espiritual dentro del hogar), la Biblia dice que deberíamos celebrarlo. Más que cuando ahorra dinero o consigue buenas ofertas. Más que cuando prospera en el trabajo.

Para una mujer, debería ser conmovedor ver a su esposo fuerte humillarse ante Dios. Un hombre debería sentirse inspirado al ver que su esposa vive con convicción y pasiones espirituales profundas. Tendrías que gozarte, estar sumamente emocionado y alentar a tu cónyuge con energía por lo que está permitiendo que Dios logre en su vida.

El apóstol Pablo solía escribir en sus cartas cuánto placer le producía escuchar sobre la fidelidad de las personas y su crecimiento en Jesús. «Siempre tenemos que dar gracias a Dios por vosotros, hermanos, como es justo, porque vuestra fe aumenta grandemente, y el amor de cada uno de vosotros hacia los demás abunda más y más; de manera que nosotros mismos hablamos con orgullo de vosotros entre las iglesias de Dios, por vuestra perseverancia y fe en medio de todas las persecuciones y aflicciones que soportáis» (2 Tesalonicenses 1:3-4).

A veces, al aceptar la opinión de la cultura moderna sobre qué celebrar de nuestro cónyuge, podemos ser culpables de alentarlo a pecar; quizás alimentando la vanidad o las actitudes machistas. Sin embargo, «el amor no se regocija de la injusticia», ni de la nuestra ni de la del otro. En cambio, «se alegra con la verdad», así como hizo el apóstol Juan al afirmar: «No tengo mayor gozo que éste: oír que mis hijos andan en la verdad» (3 Juan 4). Sabía que la búsqueda de la piedad, la pureza y la fidelidad (permanecer firme y sin transigir en la vida) era la única manera de agradar a Dios, completar su propósito, y hallar gozo y satisfacción en la vida.

Pero ¿qué sucede si tu cónyuge no es creyente? ¿Cómo puedes defender la conducta piadosa si tu pareja no cree en Dios y no quiere someterse a Su voluntad? Pablo instruyó a los creyentes a ser fieles a sus cónyuges incrédulos, a orar por ellos y a ser ejemplo ante ellos en reverencia a Dios (1 Corintios 7:10-16). Es cierto, esto puede generar la burla en algunos matrimonios. Pero cuando Cristo toma el corazón de un hombre, el cambio de vida duradero y la transformación espiritual que Dios produce en él es un testimonio poderoso y difícil de negar. La Escritura exhorta a las esposas a usar su sumisión, su pureza y su conducta respetuosa para ganar a sus maridos (1 Pedro 3:1-2). A veces, quizás sientas que solo estás impidiendo que tu cónyuge vea a Jesús en ti. Pero permanece en oración, sé respetuoso y amoroso. Dios no ha terminado Su obra en tu cónyuge. Ha colocado un testigo de Su causa allí mismo en tu lecho matrimonial.

¿Qué más podrías desear para tu cónyuge que experimente lo mejor que la vida puede ofrecer… lo mejor que *Dios* puede ofrecer? Así que, sí, cobra aliento y alégrate por cualquier logro de tu cónyuge. Pero reserva tus felicitaciones más cálidas para cuando se acerque a Dios y lo honre como su primer amor.

EL DESAFÍO DE HOY

Busca un ejemplo específico y reciente de cuando tu cónyuge haya demostrado el carácter cristiano de una manera evidente (con fe, amor, honestidad, paciencia, amabilidad, servicio, compasión, humildad, etc.). En algún momento del día, elógialo por esto.

__ Haz una marca aquí cuando hayas completado el desafío de hoy.

¿Qué ejemplo elegiste reconocer? ¿De qué otras maneras podrías celebrar su crecimiento en la piedad? ¿Cómo podrías alentarlo a perseverar en ella?

_____

_____

_____

_____

_____

_____

_____

_____

… En la integridad de mi corazón andaré dentro de mi casa. (Salmo 101:2)

«¿Adónde estaría sin este libro y sin la manera en que Dios
ha obrado con estos desafíos cada día?». —Linda

Día 35
El amor rinde cuentas

Cuando falta el consejo, fracasan los planes;
cuando abunda el consejo, prosperan.
—Proverbios 15:22, NVI

Los árboles gigantescos de secoya se elevan cientos de metros en el aire y resisten presiones ambientales intensas. Los rayos pueden golpearlos, los vientos soplar con intensidad y los incendios forestales arder a su alrededor. Sin embargo, la secoya resiste firme y se fortalece durante las pruebas.

Uno de los secretos de la fuerza de este árbol gigante es lo que sucede bajo la superficie. A diferencia de muchos árboles, se extiende hacia afuera y entrelaza sus raíces con las secoyas que lo rodean. Cada uno se potencia y refuerza con la fortaleza de los demás.

El secreto de la secoya también es una clave para mantener un matrimonio fuerte y saludable. La pareja que enfrenta problemas sola tiene más probabilidades de derrumbarse en los momentos difíciles. Sin embargo, las que entrelazan sus vidas en una red de otros matrimonios fuertes, aumentan en forma radical sus posibilidades de sobrevivir a la tormenta más intensa. Es fundamental que los esposos busquen consejos piadosos, amistades saludables y mentores experimentados.

Todos necesitamos el consejo sabio a lo largo de la vida. Las personas sabias lo buscan constantemente y lo reciben con alegría. Los necios nunca lo buscan y lo ignoran cuando se lo dan.

Como explica claramente la Biblia: «Al necio le parece bien lo que emprende, pero el sabio atiende al consejo» (Proverbios 12:15).

Obtener el consejo sabio es como tener un mapa de carretera detallado y una guía personal mientras se realiza un viaje largo y desafiante. Puede significar la diferencia entre el éxito continuo o la destrucción de otro matrimonio. Es vital que invites a parejas fuertes para que te hablen sobre la sabiduría que han obtenido a través de sus propios logros y fracasos.

¿Para qué gastar años de tu vida aprendiendo lecciones dolorosas cuando puedes descubrir esas mismas verdades en unas horas de consejo sabio? ¿Por qué no cruzar los puentes que otros han construido? La sabiduría es más valiosa que el oro. No recibirla es como dejar escapar entre los dedos monedas invalorables.

Los buenos mentores sobre el matrimonio te advierten antes de que tomes una mala decisión, te alientan cuando estás listo para darte por vencido, y te animan cuando alcanzas nuevos niveles de intimidad en tu matrimonio.

¿Hay alguna pareja mayor o algún amigo del mismo sexo a quien puedas acudir para pedir buenos consejos, recibir apoyo en oración y rendir cuentas en forma regular? ¿Hay alguien a tu lado que te trate con imparcialidad y franqueza?

Tú y tu cónyuge necesitan contar con esta clase de amigos y mentores en forma constante. La Biblia declara: «Exhortaos los unos a los otros cada día, […] no sea que alguno de vosotros sea endurecido por el engaño del pecado» (Hebreos 3:13). Muchas veces, podemos aislarnos. Si no tenemos cuidado, podríamos alejar de nosotros a las personas que más nos aman.

Debes protegerte contra las malas influencias. Todos tienen una opinión y algunos te alentarán a actuar en forma egoísta, a dejar a tu cónyuge para buscar tu propia felicidad. Ten cuidado y no escuches el consejo de aquellos que no tienen un buen matrimonio.

Si tu matrimonio pende de un hilo o ya se dirige hacia el divorcio, debes detener todo y buscar consejo sólido lo más rápido posible. Llama a un pastor, a un terapeuta que crea en la Biblia o a un consejero matrimonial hoy mismo. Por más que al principio sea incómodo abrirte con un extraño con respecto a tu vida, cada segundo que pase y cada sacrificio que hagas por tu matrimonio valdrán la pena. Aun si tienes una relación bastante estable, tienes la misma necesidad de mentores sinceros y francos: personas que renueven tus fuerzas para seguir adelante y te ayuden a mejorar aun más tu matrimonio.

¿Cómo eliges un buen mentor? Debes buscar una persona que tenga la clase de matrimonio que tú quieres; alguien que ponga a Cristo antes que todo lo demás; que no viva según sus propias opiniones, sino según la Palabra inmutable de Dios. Y en la mayoría de los casos, se alegrará de que hayas pedido ayuda. Comienza a orar para que el Señor envíe esta persona a tu vida. Luego, escoge un momento para encontrarte con ella y hablar.

Si no te parece demasiado importante, sería una buena idea que te preguntaras por qué. ¿Tienes algo que esconder? ¿Tienes miedo de sentirte avergonzado? ¿Crees que tu matrimonio está exento de necesitar ayuda de afuera? ¿Te resulta odioso zambullirte en un río de influencias positivas? No seas el capitán de otro divorcio titánico al ignorar las señales de advertencia que te rodean, cuando podrías haber recibido ayuda.

Aquí tienes un recordatorio importante de las Escrituras: «Cada uno de nosotros dará a Dios cuenta de sí mismo» (Romanos 14:12). Es un compromiso que no podemos romper. Y aunque, al final, cada uno es responsable de cómo lo aborda, podemos recibir toda la ayuda que los demás puedan dar. Quizás sea la influencia relacional necesaria para llevar tu matrimonio de la mediocridad a algo maravilloso.

BUSCA UN MENTOR PARA TU MATRIMONIO: UN BUEN CRISTIANO QUE SEA SINCERO Y AMOROSO CONTIGO. SI TE PARECE QUE ES NECESARIA LA TERAPIA, DA EL PRIMER PASO Y CONCIERTA UNA CITA. DURANTE ESTE PROCESO, PÍDELE A DIOS QUE DIRIJA TUS DECISIONES Y TE DÉ DISCERNIMIENTO.

__ Haz una marca aquí cuando hayas completado el desafío de hoy.

¿A quién elegiste? ¿Por qué escogiste esa persona? ¿Qué esperas aprender de ella?

_____

_____

_____

_____

_____

_____

_____

... en la abundancia de consejeros está la victoria. (Proverbios 11:14)

«Yo decía: "Es imposible arreglar lo que ya está roto", pero Dios ha quitado todo lo que contaminaba nuestro matrimonio». —Susana

Día 36
El amor es la Palabra de Dios

Lámpara es a mis pies tu palabra,
y luz para mi camino.
—Salmo 119:105

La Biblia es el libro más amado y poderoso de todos los tiempos. Fue el primero en publicarse, se tradujo a más idiomas que cualquier otro texto en la historia y sigue siendo el mayor éxito de ventas. Ningún otro ha iluminado tanta oscuridad, educado tanta ignorancia, propagado tanto amor, corregido tanto mal o anticipado el futuro con tanta precisión como la Biblia. No solo explica nuestro origen y propósito para la vida, sino también cómo podemos conocer a Dios aquí y en la eternidad más allá de la tumba.

Para algunas personas, la Biblia es demasiado voluminosa como para comprenderla. No saben por dónde ni cómo comenzar. No obstante, como cristiano, no estás solo para intentar entender sus temas principales y sus significados profundos. El Espíritu Santo, quien vive ahora en tu corazón por medio de la salvación, es el que ilumina la verdad. «Porque el Espíritu todo lo escudriña, aun las profundidades de Dios» (1 Corintios 2:10). Y gracias a esta lámpara interior, ahora puedes leer, absorber, comprender y vivir las Escrituras.

Pero en primer lugar, debes comprometerte a hacerlo.

Crea el hábito. Si todavía no estás acostumbrado, es hora de comenzar a leer una porción de la Biblia todos los días. Lo ideal sería que la leyeran juntos como esposos… quizás por la mañana o antes de irse a dormir. Sé como el autor del Salmo 119, quien podía decir: «Con todo mi corazón te he buscado […]. En mi corazón he atesorado tu palabra, para no pecar contra ti» (Salmo 119:10-11). Los que tienen un modelo constante de lectura bíblica pronto descubren que sus páginas son «deseables más que el oro; sí, más que mucho oro fino, más dulces que la miel y que el destilar del panal» (Salmo 19:10).

Apréndela. Es cierto, la Biblia puede ser profunda y significar un verdadero desafío. Por eso, es tan importante formar parte de una iglesia en donde la Palabra se enseñe y se predique con fidelidad. Al escuchar cómo se la explica en los sermones y los grupos de estudio bíblico, obtendrás una visión más amplia y equilibrada de lo que Dios comunica a través de Su Palabra. Además, podrás unirte a otros que están en el mismo recorrido que tú, deseando alimentarse con las verdades de las Escrituras. «Persiste en las cosas que has aprendido y de las cuales te convenciste, sabiendo de quiénes las has aprendido» (2 Timoteo 3:14).

Vívela. A diferencia de la mayoría de los demás libros diseñados solo para ser leídos y digeridos, la Biblia es un libro vivo. Vive porque el Espíritu Santo todavía resuena entre sus palabras; porque, a diferencia de los escritos antiguos de otras religiones, su autor sigue vivo. Y porque se transforma en parte de ti, de tu manera de pensar y de lo que haces. «Sed hacedores de la palabra y no solamente oidores» (Santiago 1:22).

Jesús habló de las personas que construyen su vida sobre la arena. Escuchan la verdad de la Palabra de Dios, pero la ignoran y prosiguen por su cuenta. Cuando las tormentas de la vida comienzan a soplar, el cimiento de arena ocasiona un completo desastre. Quizás estas casas resplandezcan y luzcan bien durante un tiempo, pero son tragedias en potencia. Al final, se derrumban.

Sin embargo, Jesús declaró: «Cualquiera que oye estas palabras mías y las pone en práctica, será semejante a un hombre sabio que edificó su casa sobre la roca; y cayó la lluvia, vinieron los torrentes, soplaron los vientos y azotaron aquella casa; pero no se cayó, porque había sido fundada sobre la roca» (Mateo 7:24-25). Cuando tu casa está fundada sobre la roca de la Palabra inalterable de Dios, está asegurada contra la destrucción. Esto se debe a que Dios tiene el plan perfecto para todo y ha revelado estos planes en Su Palabra. Están precisamente allí para cualquiera que los lea y los ponga en práctica.

Dios tiene un mejor plan para tu manera de administrar el dinero, por ejemplo. Tiene un plan más sabio para la crianza de tus hijos; uno más saludable para el cuidado de tu cuerpo; uno más productivo para tu forma de pasar el tiempo; uno más amoroso y pacífico para tu manera de manejar los conflictos. ¿Acaso tu Hacedor no sabrá exactamente lo que necesitas?

Si esto de leer la Biblia en forma regular te resulta nuevo, te sorprenderá la rapidez con la cual comenzarás a pensar de otra manera y con la mirada puesta en la eternidad. Y si de verdad quieres establecer estrategias de vida basadas en la forma que tiene Dios de hacer las cosas, Él te guiará a conectar lo que lees con la aplicación práctica. Es un viaje esclarecedor con descubrimientos constantes. Descubrirás los secretos para manejar con sabiduría toda clase de situaciones en la vida. Las verdades más importantes de *El desafío del amor* surgieron al leer la Palabra de Dios.

Cada aspecto de tu vida que sometas a la guía y la sabiduría divinas se fortalecerá y será más duradero con el tiempo; pero cualquier parte que no entregues, al intentar hacerlo por tu cuenta, se debilitará y a la larga fracasará cuando te golpeen las tormentas de la vida. Quizás sea el área que acelere el desmoronamiento de tu hogar y tu matrimonio. Que Dios te ayude a confiar en Su Palabra por completo, aun cuando no la entiendas en su totalidad. No te fallará.

Las parejas sabias construyen sus casas sobre la roca de la Palabra de Dios. Han visto lo que puede suceder con la arena. Saben qué significa no tener una base sólida y que los cimientos se venzan. Por eso, debes decidir construir tu vida y tu matrimonio sobre la roca sólida de la Biblia. Luego, puedes planear un mejor futuro, sin importar cuán recia sea la tormenta.

EL DESAFÍO DE HOY

TOMA EL COMPROMISO DE LEER LA BIBLIA
TODOS LOS DÍAS. CONSIGUE UN LIBRO DE
MEDITACIONES O ALGÚN OTRO RECURSO QUE
TE SIRVA COMO ORIENTACIÓN. SI TU CÓNYUGE
ESTÁ DISPUESTO, PREGÚNTALE SI QUIERE
COMPROMETERSE A LEER LA BIBLIA CONTIGO
A DIARIO. COMIENZA A RENDIR CADA ÁREA DE
TU VIDA A LA GUÍA DE LA PALABRA DE DIOS
Y A CONSTRUIR SOBRE LA ROCA.

___ Haz una marca aquí cuando hayas completado el desafío
de hoy.

¿Qué partes de tu vida tienen más necesidad del consejo
de Dios? ¿En dónde crees que hay una mayor susceptibilidad al
fracaso? ¿Qué estás pidiéndole a Dios que te muestre a través de
Su Palabra?

_____

_____

_____

_____

_____

_____

_____

Para familiarizarte con la Biblia, consulta el Apéndice IX de la página 227.

Todo lo que fue escrito en tiempos pasados, para nuestra
enseñanza se escribió… (Romanos 15:4)

DÍA 37
El amor se pone de acuerdo en oración

… si dos de vosotros se ponen de acuerdo sobre cualquier cosa que pidan aquí en la tierra, les será hecho por mi Padre.
—Mateo 18:19

Si alguien te dijera que al cambiar algo específico en tu matrimonio podrías garantizar casi con seguridad una mejora significativa en la vida con tu cónyuge, al menos querrías saber de qué se trata.

Muchas parejas han descubierto que esta «única cosa» es la práctica diaria de *orar juntos*.

Para una persona que tiende a quitarle importancia a las cuestiones espirituales, esto parece bastante ridículo. Sin embargo, la unidad que crece entre un hombre y una mujer que oran juntos en forma regular crea una conexión intensa y poderosa. Dentro del santuario del matrimonio, la oración conjunta se transforma en un arma sumamente eficaz en la batalla por la longevidad conyugal, mientras que también realza la intimidad sexual. Puede hacer maravillas en todas las áreas de la relación.

Cuando los esposos hablan juntos con Dios, algo maravilloso sucede. Jesús dijo, por ejemplo: «Si dos de vosotros se ponen de acuerdo sobre cualquier cosa que pidan aquí en la tierra, les será hecho […]. Porque donde están dos o tres reunidos en mi nombre, allí estoy yo en medio de ellos» (Mateo 18:19-20). Aunque las palabras de Jesús se aplican a todos los creyentes, sin duda son válidas para los matrimonios cristianos. La oración unida abre paso a la presencia de Dios en tu matrimonio en una forma especial, junto con el amor, el gozo y la paz que anhelas experimentar en tu hogar. Sucede cada vez que se toman de las manos para acercarse al trono de la gracia.

Cuando se unieron como esposos, Dios les dio un regalo de bodas: un compañero de oración para toda la vida, alguien que puede ayudarlos a llevar su vida de oración al siguiente nivel. Cuando necesitas sabiduría para determinada decisión, tú y tu cónyuge pueden buscar juntos a Dios para encontrar la respuesta. Cuando luchas con tus propios temores e inseguridades, tu compañero de oración puede tomarte de la mano e interceder por ti. Cuando no se llevan bien y no pueden superar una discusión o un escollo en particular, pueden tomarse un descanso, dejar las armas y entrar en una intercesión de emergencia. La oración debería transformarse en la primera respuesta y el reflejo automático cuando no saben qué más hacer.

Es difícil permanecer enojado con alguien por quien estás orando. Es complicado no retroceder cuando escuchas a tu cónyuge clamar a Dios humillado y rogarle misericordia en medio de la acalorada crisis entre ustedes. En oración, los esposos recuerdan que Dios los ha transformado en una sola carne. Y con la unidad que trae Su presencia, la discordia se transforma en belleza.

La palabra que Jesús usó cuando habló sobre «ponerse de acuerdo» en oración lleva la idea de una sinfonía armónica. Cuando dos notas diferentes se tocan juntas, crean una melodía más completa y plena que si suenan en forma independiente. Asimismo, cuando presentamos en oración nuestras opiniones y personalidades divergentes, Dios las une en armonía.

Ponerse de acuerdo en oración, aun en medio del desacuerdo, vuelve a colocarnos a los dos en nuestro verdadero centro. Nos proporciona un área de consenso, cara a cara frente al Padre.

La iglesia (la cual, en las Escrituras, tiene una connotación matrimonial con Cristo) es un lugar donde, a veces, la discordia puede descarrilar a los cristianos de su misión, y perturbar el libre flujo de adoración y unidad. Cuando los líderes piadosos se dan cuenta de lo que sucede, suelen ponerles fin a las discusiones y llaman al pueblo de Dios a la oración. En lugar de continuar la discordia y permitir que haya más sentimientos heridos, buscan restaurar la unidad al volver sus corazones hacia Dios y pedirle ayuda.

Lo mismo sucede en nuestros hogares cuando dejamos que intervenga la oración, aun en los momentos culminantes del desacuerdo. La oración detiene la hemorragia; acalla las voces fuertes; detiene nuestro ardor doloroso, porque comprendemos en presencia de Quién estamos.

Sin embargo, la oración hace mucho más que detener peleas. Es un privilegio para disfrutarlo en forma constante, a diario. Orar por tu cónyuge hace que tu corazón se interese más en él. Escucharlo orar por tus necesidades, por tu protección y por la bendición de Dios sobre tu vida es una experiencia íntima que puede profundizar el amor y los sentimientos mutuos.

Cuando sabes que antes de ir a dormir te espera un tiempo de oración, cambia la manera en que pasas la velada. Aunque sus oraciones sean cortas y concisas, tu día podrá girar alrededor de esta cita permanente y hacer que Dios se mantenga en el medio de todo... adonde debería estar.

Es cierto, comenzar un hábito como este puede parecer difícil e incómodo al principio. Pero cualquier cosa de esta envergadura te sorprenderá con los resultados a largo plazo, cuando intentes ponerla en práctica. Cuanto más practiques, más natural se volverá incorporar la oración al tiempo entre ustedes. Y lo más importante es que a Dios le agradará verlos humillados y buscando Su rostro... *juntos*.

Recordarás este hilo en común que atravesó todo, desde los días comunes y corrientes hasta las decisiones importantes, y estarás sumamente agradecido por haberte dedicado a esta «única cosa» que genera cambios tan profundos. Es un área en donde resulta fundamental que se pongan de acuerdo.

EL DESAFÍO DE HOY

PREGÚNTALE A TU CÓNYUGE SI PUEDEN COMENZAR A ORAR JUNTOS. DECIDAN CUÁL ES EL MEJOR MOMENTO PARA HACERLO, YA SEA POR LA MAÑANA, A LA HORA DE ALMORZAR O ANTES DE IRSE A DORMIR. USEN ESTE TIEMPO PARA CONFIARLE AL SEÑOR LAS INQUIETUDES, LOS DESACUERDOS Y LAS NECESIDADES. NO OLVIDEN DARLE GRACIAS POR SU PROVISIÓN Y SUS BENDICIONES. AUN SI TU CÓNYUGE SE NIEGA A HACERLO, DECIDE PASAR ESTE MOMENTO DIARIO EN ORACIÓN A SOLAS.

__ Haz una marca aquí cuando hayas completado el desafío de hoy.

¿Cómo respondió tu cónyuge a tu propuesta de orar juntos? Si se pusieron de acuerdo para orar, ¿cómo resultó? ¿Qué aprendieron de esta experiencia?

_____

_____

_____

_____

_____

Para encontrar una guía sobre cómo orar juntos, consulta el Apéndice III de la página 208.

... *mi oración llega ante ti por la mañana.* (Salmo 88:13)

DÍA 38
El amor cumple sueños

Pon tu delicia en el SEÑOR, y Él te dará
las peticiones de tu corazón.
—Salmo 37:4

¿Qué le gustaría de verdad a tu cónyuge? ¿Cuán a menudo te haces esa pregunta?

El sentido común indica que no podemos darle a nuestro esposo o esposa todo lo que quiere. Nuestro presupuesto y nuestra cuenta bancaria nos dicen que igualmente no podríamos costearlo. Aun si pudiéramos, estamos demasiado ocupados y probablemente no tenemos tiempo.

Pero quizás hayas dejado que el «no» se transforme en una respuesta demasiado rápida. Tal vez te hayas vuelto demasiado racional, demasiado automático. ¿Qué sucedería si en lugar de desestimar la idea, hicieras todo lo posible por cumplirla? ¿Qué pasaría si lo que tu pareja dice que jamás harías por ella se transformara en lo próximo que hicieras?

A veces, el amor debe ser extravagante. Necesita hacer lo imposible. Dejar de lado los detalles y abrir las compuertas de la generosidad para bendecir por el puro placer de hacerlo. ¿Acaso se parece demasiado a la forma de pensar de un adolescente? ¿Un amor así ya no está en el menú luego de tantos años de matrimonio? Después de todo, como quizás estén las cosas en tu matrimonio en este momento, ¿no sería poco genuino consentir a tu cónyuge si no lo haces de corazón?

Lo bueno sería que *sí* lo hicieras de corazón. ¿Qué me dices de adoptar un nuevo nivel de amor que *quiera* cumplir todos los sueños y los deseos que pueda?

¿Sabías que Dios ama en forma desmedida? Va mucho más allá de lo necesario. Derrama con libertad y exuberancia. La Biblia afirma que hizo «abundar» Su gracia para con nosotros

(Efesios 1:8), y que el amor de Jesús nos proporciona una vida abundante que fluye sin límites (Juan 10:10). Y, como discípulos del Señor, somos llamados a dar esta misma clase de amor extravagante; a ofrecer más de lo necesario, a recorrer la segunda milla, a exceder grandemente lo que se espera de nosotros (Mateo 5:39-45).

¿Acaso el amor de Dios no satisfizo de esa manera las necesidades de tu corazón? Vivías bajo una carga inmensa de pecado y remordimiento. Pensabas que nunca volverías a ganarte la gracia de Dios. Sin embargo, Él te miró con amor y dijo que no era necesario. Anhelaba que regresaras y mostró Su misericordia. Cuando acudiste a Él, te perdonó. «Dios, que es rico en misericordia, por causa del gran amor con que nos amó, aun cuando estábamos muertos en nuestros delitos, nos dio vida juntamente con Cristo» (Efesios 2:4-5).

Así que, Dios no eligió derramar Su amor sobre ti cuando te comportabas como un ángel. No te ofreció Su gracia porque la merecieras. Aunque no eras un candidato probable, te amó de todas formas. Sin restricciones, pagó el precio por ti. Y es tu modelo a seguir. Su Palabra afirma que Dios ama al dador alegre como Él (2 Corintios 9:7), al que está dispuesto a dar en abundancia por puro deleite.

¿Para qué regalo inesperado podrías comenzar a ahorrar, para sorprender a tu cónyuge con amor? ¿Un nuevo lavaplatos? ¿Aretes de diamantes? ¿Un vehículo mejor?

¿En dónde podrías hacer reservas para una escapada romántica durante el fin de semana, solo para ustedes dos? ¿La cabaña de algún amigo? ¿Un hotel cercano? ¿Algún crucero?

No todo lo que tu cónyuge quiere es demasiado costoso. No todo lo que desea puede comprarse con dinero. En secreto, podrías concretar algún proyecto importante que haya estado durante meses en la lista de anhelos por cumplir de tu cónyuge.

Quizás tu esposa solo anhele tu tiempo y tu atención en la casa. Tal vez desee que la trates como a una dama, saber que su esposo la considera su mayor tesoro. Probablemente anhele un cálido abrazo y ver en tus ojos un amor que vuelve a elegirla, sin importar qué suceda.

¿Y tu esposo? Quizás su mayor deseo sea que lo respetes más, que lo reconozcas como la cabeza del hogar frente a tus hijos. Tal vez quiera que lo sorprendas con un largo beso, una nota de amor o que lo invites a almorzar en casa (*contigo* de postre) cuando no haya un cumpleaños ni un aniversario para justificarlo. Quizás necesite saber que todavía piensas que es fuerte y atractivo.

Los sueños y los deseos vienen en todas formas y tamaños; pero el amor se fija en todos los detalles y planea con cuidado. Así que...

- ... lee entre líneas para descubrir lo que tu cónyuge espera o necesita de verdad.
- ... recuerda cosas especiales y singulares de tu relación o fíjate cómo podrías crear nuevos recuerdos durante las distintas etapas de la vida.
- ... da cuando sería mucho más conveniente esperar.
- ... sueña despierto y tan menudo con estas oportunidades que planear esta clase de sorpresas se vuelva natural para ti.

Te desafiamos a pensar cómo abrumar a tu cónyuge con amor; a superar todas sus expectativas con una amabilidad que sorprenda. Ya sea que se trate de algo gratuito o que implique un sacrificio financiero, es necesario que refleje tu atención y un corazón que está dispuesto a expresarse con extravagancia. Uno de los mayores reproches de la gente en las últimas etapas de la vida es no haber amado más plenamente cuando tuvo la oportunidad. *Ahora es tu oportunidad.*

¿Qué le gustaría de verdad a tu cónyuge? Es hora de que comiences a vivir la respuesta a esta pregunta.

EL DESAFÍO DE HOY

Piensa qué le gustaría a tu cónyuge, si fuera posible. Ponlo en oración y comienza a trazar un plan para cumplir algunos de sus deseos (si no todos) hasta donde puedas.

__ Haz una marca aquí cuando hayas completado el desafío de hoy.

En el pasado, ¿qué sucedió para que no quisieras cumplir los deseos de tu cónyuge? ¿Qué cambiaría en la relación si tu pareja supiera que sus sueños son una prioridad para ti? ¿Qué deseos estás intentando cumplir?

_____

_____

_____

_____

_____

_____

_____

_____

_____

_____

Dios puede hacer que toda gracia abunde para vosotros... (2 Corintios 9:8)

«Pelearé hasta el final por mi matrimonio, no por obligación,
sino porque quiero hacerlo». —Julieta

Día 39
El amor perdura

El amor nunca deja de ser...
—1 Corintios 13:8

Cuando soplan tormentas y el clima empeora, el amor decide soportar, incluso en medio de los problemas más graves. Aun si lo amenazan, sigue adelante. Aunque lo desafíen, continúa avanzando. Aun si lo maltratan y lo rechazan, rehúsa darse por vencido.

El amor nunca deja de ser.

Muchas veces, cuando un matrimonio está en crisis, el cónyuge que intenta lograr que las cosas funcionen le dice al otro con toda claridad que, sin importar lo que haya sucedido en el pasado, está comprometido con su matrimonio. Puedes estar seguro de que su amor perdurará. Lo promete. No obstante, como el otro cónyuge todavía no quiere escucharlo, mantiene su postura. Aun quiere separarse. No cree que este matrimonio dure mucho tiempo. Ya ni siquiera *quiere* que dure.

El cónyuge que acaba de jugarse el corazón, tendiendo la mano en son de paz, no puede manejar el rechazo. Así que retira lo dicho. «Bueno. Si así lo quieres, así será».

Sin embargo, si el amor es en verdad amor, no cambia de opinión cuando no lo reciben como quiere. Si al amor se le puede decir que deje de amar, en realidad no es amor. El amor que viene de Dios es interminable, imparable. Si el objeto de su afecto no quiere aceptarlo, no deja de dar.

El amor nunca deja de ser.

Nunca.

Así es el amor de Jesús. Sus discípulos eran verdaderamente impredecibles. Luego de su última comida de Pascua juntos, cuando Él les dijo que todos lo abandonarían antes de que terminara la noche, Pedro declaró: «Aunque todos se aparten por causa de ti, yo nunca me apartaré [...]. Aunque tenga que morir contigo, jamás te negaré» (Mateo 26:33,35). Los demás discípulos hicieron eco de la misma promesa.

Pero más tarde, esa misma noche, el círculo íntimo de seguidores de Jesús (Pedro, Jacobo y Juan) dormiría mientras Él agonizaba en el huerto, en lugar de apoyarlo. Más tarde, Pedro lo negaría tres veces en el patio. Sus hombres le habían fallado horas después de sus promesas. Aun así, nunca dejó de amarlos, y volvió para restaurarlos... porque tanto Él como su amor son «el mismo ayer y hoy y por los siglos» (Hebreos 13:8).

Cuando hayas hecho todo lo posible para obedecer a Dios, tu cónyuge quizás te abandone y se vaya... así como los discípulos de Jesús hicieron con Él; pero si tu matrimonio fracasa, si tu cónyuge se va, que no sea porque te diste por vencido o dejaste de amarlo. *El amor nunca deja de ser.*

Pablo soportó golpizas, persecución intensa y toda clase de pruebas a lo largo de su vida. Lo hizo por una razón: porque «el amor de Cristo» lo apremiaba (2 Corintios 5:14). ¿Pero cómo?

De las nueve características del «fruto del Espíritu», enumeradas en Gálatas 5, la primera de todas es el *amor*. Y como el inalterable Espíritu Santo es la fuente (el mismo Espíritu que habitaba en Pablo y mora en el corazón de todos los creyentes), el amor que Él crea en nosotros también es inalterable. Ninguna prueba ni circunstancia puede ponerle una fecha de vencimiento. El amor de Dios está anclado en la voluntad de Dios, en el llamado de Dios y en la Palabra de Dios: todas cosas inalterables. La Biblia las declara «irrevocables» (Romanos 11:29). «El cielo y la tierra pasarán, mas mis palabras no pasarán» (Lucas 21:33).

Hace tan solo unos días, recibiste el desafío de edificar tu matrimonio sobre la Palabra de Dios; porque cuando todo lo demás fracasa, la verdad del Señor seguirá en pie. Como cada característica del amor que se esboza en este libro está basada en el amor de Dios, expresado en Su Palabra inmutable, entonces tu amor, como creyente, tiene las mismas características inalterables. «Todo lo sufre, todo lo cree, todo lo espera, todo lo soporta» (1 Corintios 13:7). *El amor nunca deja de ser.*

Cuando un matrimonio se derrumba, las parejas suelen atribuirle el fracaso de la relación a «diferencias irreconciliables». Pero el amor genuino es experto en la reconciliación. Cuando toma el control, nos apremia a pedir perdón con humildad, a hacernos completamente responsables de nuestros errores y a perdonar de verdad cuando nuestro cónyuge nos falla. Una y otra vez. Los matrimonios resistentes están cimentados en la sinceridad, el respeto, el compromiso, el perdón y la tolerancia. Y el amor siempre fomenta el crecimiento de estas cualidades en nosotros.

Así que, el desafío de hoy es expresar tu amor inquebrantable con las palabras más poderosas y personales que puedas. Es tu oportunidad de declarar que, sin importar las imperfecciones que existan (tanto en ti como en tu cónyuge), tu amor es aun más grande. Al margen de lo que tu cónyuge haya hecho o de cuán a menudo haya actuado así, decides amarlo de todas maneras. Aunque tú mismo no has sido para nada constante en tu manera de tratar a tu esposo o esposa y la relación, tus días de inconstancia en el amor han terminado. Acepta a esta persona como el regalo especial de Dios para ti y promete amarla hasta la muerte.

Lo que le comunicas a tu cónyuge es: «Sin importar lo que nos haya sucedido en el pasado, sin importar nuestros muchos errores y tus sentimientos hacia mí, decido amarte de todas maneras. Ahora y para siempre».

Porque el amor nunca deja de ser.

EL DESAFÍO DE HOY

PASA TIEMPO ORANDO SOLO. LUEGO, ESCRÍBELE UNA CARTA DE COMPROMISO Y DECISIÓN A TU CÓNYUGE. INCLUYE LA RAZÓN POR LA CUAL TE COMPROMETES CON ESTE MATRIMONIO HASTA LA MUERTE, Y EXPRÉSALE QUE TE HAS PROPUESTO AMARLO SIN IMPORTAR LO QUE SUCEDA. DEJA LA CARTA EN UN LUGAR DONDE TU CÓNYUGE PUEDA ENCONTRARLA.

__ Haz una marca aquí cuando hayas completado el desafío de hoy.

¿Qué dudas tenías al escribir esta carta? ¿Cómo esperas que tu cónyuge responda? ¿Cómo te ayudó Dios a escribirla y qué te enseñó sobre ti mismo este proceso?

_____

_____

_____

_____

_____

_____

_____

_____

… tú te deleitas en mostrar tu amor inagotable. (Miqueas 7:18, NTV)

Al acercarnos al día 40, descubrimos que queríamos más. Pero ahora sabemos que, a medida que nos acercamos a Dios, Él nos acerca como esposos». —Juan

DÍA 40
El amor es un pacto

… adonde tú vayas, iré yo, y donde tú mores, moraré.
Tu pueblo será mi pueblo, y tu Dios mi Dios.
—Rut 1:16

Felicitaciones. Has llegado al final del desafío de este libro. Sin embargo, la experiencia y el reto de amar a tu cónyuge nunca terminan. Siguen durante el resto de tu vida. Este libro podrá terminar en el día 40, pero ¿quién dice que tu desafío tiene que concluir?

Y a partir de este momento, te desafiamos a que consideres tu relación matrimonial como un *pacto* en lugar de un *contrato*. Estas dos palabras parecen tener significado y propósito similares, pero en realidad, son sumamente diferentes. Ver el matrimonio como un contrato es como decirle a tu cónyuge: «Te tomo para mí y veremos si funciona». Pero verlo como un pacto te lleva a declarar: «Me entrego a ti y me comprometo a este matrimonio para toda la vida».

Hay muchas otras diferencias entre los pactos y los contratos. En general, un *contrato* es un acuerdo escrito fundamentado en la desconfianza, que enumera las condiciones y las consecuencias en caso de que se viole. Un *pacto* es un compromiso verbal que se apoya en la confianza, y que le asegura a otra persona que tu promesa es incondicional y para toda la vida. Se realiza ante Dios por amor a otro.

Un *contrato* es interesado y tiene una responsabilidad limitada. Establece un marco de tiempo para que se cumplan y se logren ciertas prestaciones. Un *pacto* es para beneficio de los demás y tiene una responsabilidad ilimitada. No tiene fecha de vencimiento. Es «hasta que la muerte nos separe». Un *contrato* puede romperse de común acuerdo. Un *pacto* está hecho para que sea inquebrantable.

La Biblia contiene varios pactos importantes que forman parte del desarrollo de la historia del pueblo de Dios. El Señor hizo un pacto con Noé y le prometió que nunca destruiría toda carne con un diluvio (Génesis 9:12-17). Hizo un pacto con Abraham y le prometió que toda una nación de descendientes surgiría de su familia (Génesis 17:1-8). Hizo un pacto con Moisés y declaró que el pueblo de Israel sería la posesión de Dios para siempre (Éxodo 19:3-6). Hizo un pacto con David y le prometió que siempre habría un soberano en su trono (2 Samuel 7:7-16). Finalmente, hizo un «nuevo pacto» por medio de la sangre de Cristo, y estableció un legado eterno e inalterable de perdón de pecados y vida eterna para los que crean en Él (Hebreos 9:15). Dios nunca ha quebrantado ninguno de estos pactos.

Además, está el matrimonio: el pacto más fuerte sobre la Tierra entre dos personas; la promesa de un hombre y una mujer de establecer un amor incondicional y para toda la vida. En el matrimonio, tu anillo de bodas representa los votos de tu pacto: no solo compromisos que *esperabas* poder cumplir, sino promesas premeditadas, dichas en público ante Dios y otros testigos.

Como has leído muchas veces en estas páginas, no puedes cumplir este pacto con tus propias fuerzas. Hay una buena razón por la cual Dios fue el que inició los pactos con Su pueblo. Es el único que puede cumplir las exigencias de Sus propias promesas. Es el único que puede perdonar a los que reciben Su pacto y no cumplen con su parte del acuerdo. Pero el Espíritu de Dios está dentro de ti por medio de tu fe en Su Hijo y de la gracia que recibiste con la salvación. Esto significa que, con Su ayuda, ahora puedes ejercer tu función de cumplir el pacto, sin importar lo que pueda surgir que desafíe tu fidelidad a él.

En especial, si tu cónyuge no quiere recibir tu amor en este momento, cumplir el pacto puede ser más desalentador cada día. Sin embargo, el matrimonio no es un contrato con cláusulas de escape ni términos de excepción. Es un pacto hecho para quitar todas las vías de retirada o abandono. Nada en el mundo puede separar lo que Dios unió. Tu amor está fundamentado en un pacto.

Cientos de años después de que el profeta Malaquías registrara estas palabras, la gente aún se pregunta por qué a veces Dios retiene Su bendición de algunos hogares y matrimonios. «Y vosotros decís: "¿Por qué?" Porque el Señor ha sido testigo entre tú y la mujer de tu juventud, contra la cual has obrado deslealmente, aunque ella es tu compañera y la mujer de tu pacto. […] Porque yo detesto el divorcio —dice el Señor, Dios de Israel— y al que cubre de iniquidad su vestidura —dice el Señor de los ejércitos—. Prestad atención, pues, a vuestro espíritu y no seáis desleales» (Malaquías 2:14,16).

Todo matrimonio es llamado a ser una imagen terrenal del pacto celestial de Dios con la iglesia. Debe revelarle al mundo la gloria y la belleza de Su amor incondicional por nosotros. Jesús dijo: «Así como el Padre me ha amado a mí, también yo los he amado a ustedes. Permanezcan en mi amor» (Juan 15:9 NVI). Deja que Sus palabras te inspiren a ser un canal del amor de Dios para tu cónyuge.

Hombre o mujer de Dios: ahora es el momento de renovar tu pacto de amor con toda sinceridad y entrega. El amor es un tesoro demasiado santo como para intercambiarlo por otro, y un vínculo demasiado poderoso como para romperlo sin que haya consecuencias nefastas. Vuelve a concentrar tu amor en esta persona que el Señor te ha dado para apreciar, valorar y honrar.

Tienen por delante una vida juntos.

Atrévete a tomarla y no soltarla jamás.

Te desafiamos.

EL DESAFÍO DE HOY

ESCRIBE UNA RENOVACIÓN DE TUS VOTOS
Y COLÓCALA EN TU HOGAR. QUIZÁS, SI
CORRESPONDE, PODRÍAS PLANEAR UNA
RENOVACIÓN FORMAL DE TUS VOTOS
MATRIMONIALES ANTE UN PASTOR, CON LA
FAMILIA PRESENTE. QUE SEA UNA AFIRMACIÓN
VIVA DEL VALOR DEL MATRIMONIO A LOS OJOS
DE DIOS Y DEL ALTO HONOR DE SER UNO
CON TU CÓNYUGE.

__ Haz una marca aquí cuando hayas completado el desafío de hoy.

¿Qué te ha revelado Dios durante estos 40 días? ¿Cómo ha cambiado tu visión del matrimonio? ¿Cuán comprometido estás con Dios y con tu cónyuge? ¿A quiénes puedes hacer testigos de este compromiso?

Para siempre se ha acordado de su pacto... (Salmo 105:8)

«Nuestro matrimonio ya no será un matrimonio. Será un pacto con Dios».
—María Belén

Apéndice I

Guía tu corazón

¿Qué es el corazón?

Tu *identidad*. El corazón es la parte más importante de ti. Es el centro de tu ser, en donde reside tu «verdadera identidad». «El corazón del hombre refleja al hombre» (Proverbios 27:19). Como una persona «piensa dentro de sí, así es» (Proverbios 23:7).

Tu *centro*. Como tu corazón físico se encuentra en el centro de tu cuerpo y envía sangre vigorizante a toda célula viva, la palabra «corazón» se ha usado durante siglos para describir el núcleo en donde se generan todos tus pensamientos, creencias, valores, motivaciones y convicciones.

Tu *cuartel general*. Tu corazón es la «casa de gobierno» de tus operaciones. Entonces, la dirección de tu corazón impacta sobre cada área de tu vida.

¿Qué tiene de malo seguir mi corazón?

El *corazón es insensato*. El mundo dice: «¡Sigue tu corazón!». Es la filosofía de los gurús de la nueva era, de los seminarios de autoayuda y de las canciones románticas del *pop*. Como parece tan romántico y tan noble, vende millones de discos y libros. El problema es que seguir tu corazón en general significa hacer cualquier cosa que te parezca bien en el momento, esté bien o no. Significa echar por la borda toda precaución y conciencia, y perseguir tus últimos caprichos y deseos sin importar lo que dicten la lógica y el consejo. La Biblia enseña: «El que confía en su propio corazón es un necio, pero el que anda con sabiduría será librado» (Proverbios 28:26).

El *corazón es inconstante*. Las personas olvidan que los sentimientos y las emociones son superficiales, volubles e inconstantes. Pueden fluctuar según las circunstancias. En el intento de seguir su corazón, algunos han abandonado sus trabajos para recuperar una pésima banda musical de garaje, otros han perdido los ahorros de su vida por encapricharse con las carreras de caballos, y hay quienes han dejado a su compañero de toda la vida para perseguir a un colega de trabajo atractivo que ya se había casado dos veces. Lo que parece correcto en el auge de los dulces sentimientos suele resultar un error amargo más adelante. Esta filosofía egoísta también es la fuente de un sinnúmero de divorcios. Lleva a muchos a dejar de lado sus compromisos para toda la vida, porque ya no se «sienten enamorados» o piensan que deben «encontrar su alma gemela».

El corazón es corrupto. La verdad es que nuestros corazones son, en esencia, egoístas y pecadores. La Biblia declara: «Más engañoso que todo, es el corazón, y sin remedio; ¿quién lo comprenderá?» (Jeremías 17:9). Jesús afirmó: «Porque del corazón provienen malos pensamientos, homicidios, adulterios, fornicaciones, robos, falsos testimonios y calumnias» (Mateo 15:19). A menos que Dios cambie de verdad nuestros corazones, seguirán eligiendo las cosas equivocadas.

¿ALGUNA VEZ DEBERÍA SEGUIR LO QUE DICTA MI CORAZÓN?

El rey Salomón dijo: «El corazón del sabio lo guía hacia la derecha, y el corazón del necio, hacia la izquierda» (Eclesiastés 10:2). Así como tu corazón puede guiarte hacia el odio, la lujuria y la violencia, también puede ser impulsado por el amor, la verdad y la bondad. A medida que camines con Dios, Él colocará en tu corazón los sueños que quiere cumplir en tu vida. Además, pondrá destreza y capacidades que quiere que desarrolles para Su gloria (Éxodo 35:30-35). Te concederá el deseo de dar (2 Corintios 9:7) y de adorar (Efesios 5:19). A medida que le des el primer lugar, Él intervendrá y concederá los deseos más profundos de tu corazón. La Biblia enseña: «Pon tu delicia en el

Señor, y Él te dará las peticiones de tu corazón.» (Salmo 37:4). El único momento en el que puedes sentirte bien al seguir tu corazón es cuando sabes que está decidido a servir y agradar a Dios por sobre todo lo demás.

¿POR QUÉ NO ES SUFICIENTE SEGUIR MI CORAZÓN?

Como nuestro corazón está tan sujeto al cambio y no se puede confiar en él, las Escrituras comunican un mensaje mucho más fuerte que «sigue tu corazón». La Biblia te instruye a *guiar tu corazón*. Esto significa hacerse totalmente responsable de su condición y su dirección. Debes darte cuenta de que sí controlas el lugar donde está tu corazón. Dios te ha dado el poder de quitarlo de un sitio y ponerlo en otro. Los siguientes versículos comunican un mensaje sobre cómo guiarlo:

Proverbios 23:17	«No envidie tu corazón a los pecadores».
Proverbios 23:19	«Dirige tu corazón por el buen camino».
Proverbios 23:26	«Dame, hijo mío, tu corazón, y que tus ojos se deleiten en mis caminos».
1 Reyes 8:61	«Estén, pues, vuestros corazones enteramente dedicados al Señor nuestro Dios».
Juan 14:27	«No se turbe vuestro corazón, ni tenga miedo».
Santiago 4:8:	«Purificad vuestros corazones».
Santiago 5:8	«Fortaleced vuestros corazones».

¿Cómo guío mi corazón?

En primer lugar, es necesario que comprendas que tu corazón está donde se encuentra tu tesoro. Tu corazón se volcará a lo que le dediques tiempo, dinero y energía. Esto era cierto antes de casarte. Escribías cartas, comprabas regalos y pasaban tiempo juntos como pareja, y tu corazón iba detrás. Cuando dejaste de invertir tanto en la relación y comenzaste a dedicarte a otras cosas, tu corazón te siguió. Si hoy no estás enamorado de tu cónyuge, quizás se deba a que dejaste de dedicarte a él ayer.

Examina tu corazón. Una de las claves para guiar con éxito tu corazón es estar permanentemente consciente de dónde se encuentra. ¿Sabes en dónde está tu corazón en este momento? Si observas, puedes darte cuenta en qué has invertido tu tiempo durante el último mes, adónde ha ido tu dinero y los temas de los que hablas constantemente.

Protege tu corazón. Cuando algo poco saludable tienta tu corazón, es tu responsabilidad protegerlo contra la tentación. La Biblia dice: «Por sobre todas las cosas cuida tu corazón, porque de él mana la vida» (Proverbios 4:23, NVI). No dejes que tu corazón coloque el dinero o el trabajo por encima de tu cónyuge y tu familia. No permitas que codicie la belleza de otro hombre u otra mujer (Proverbios 6:25). La Palabra de Dios declara: «Si se aumentan las riquezas, no pongáis el corazón en ellas» (Salmo 62:10, RVR1995).

Programa tu corazón. El apóstol Pablo enseñó: «Concentren su atención en las cosas de arriba, donde está Cristo sentado a la derecha de Dios» (Colosenses 3:1-2, NVI). Es hora de identificar en dónde es necesario que esté tu corazón y luego decidir que concentrarás su atención en esas cosas. Quizás digas: «Pero en realidad no *quiero* invertir en mi matrimonio. Preferiría hacer esto o aquello». Exactamente. Has puesto el corazón en eso en el pasado y estás atascado en una mentalidad de «seguir el corazón». Sin embargo, ya no tienes que dejar que tus sentimientos te guíen. La codicia es poner el corazón en algo prohibido e incorrecto. Puedes elegir quitar tu corazón de las cosas equivocadas y programarlo en lo correcto.

Invierte tu corazón. No esperes a tener ganas de hacer lo correcto. No esperes a sentirte enamorado de tu cónyuge para invertir en la relación. Comienza a volcarte a tu matrimonio y a invertir en donde tu corazón tiene que estar. Pasa tiempo con tu cónyuge. Compra regalos. Escribe cartas. Salgan en una cita a solas. Cuanto más inviertas, más valorará tu corazón la relación. De esto se trata El *desafío del amor*: 40 días para guiar tu corazón de regreso a amar a tu cónyuge.

Ora. Pídele a Dios que examine y cambie tu corazón (Salmo 139:23-24), que lo escudriñe (Salmo 26:2), que lo renueve y cree uno limpio (Salmo 51:10). Ruégale que abra tu corazón a Su verdad (Hechos 16:14) y que lo llene con Su amor (Romanos 5:5). Solo Él puede cambiarte de adentro hacia fuera —desde los lugares escondidos en el centro de tu ser— y ayudarte con todo lo que digas o hagas. ¡Dios puede producir un verdadero impacto en la condición de tu corazón!

Que el Señor dirija vuestros corazones hacia el amor de Dios y hacia la perseverancia de Cristo. —2 Tesalonicenses 3:5

APÉNDICE II
20 preguntas para tu cónyuge

En una cita o durante una conversación privada, intenta usar las siguientes preguntas para descubrir más sobre el corazón de tu cónyuge. Permite que surjan preguntas adicionales que quizás quieran explorar, pero mantengan buen ánimo y una actitud positiva. Escucha más de lo que hables.

PREGUNTAS PERSONALES

1. ¿Cuál es tu mayor esperanza o sueño?
2. ¿Qué disfrutas más de tu vida en este momento?
3. ¿Qué disfrutas menos de tu vida en este momento?
4. ¿Cuál sería el trabajo de tus sueños si pudieras hacer algo que te gusta y te pagaran por ello?
5. ¿Qué has querido hacer siempre, pero todavía no se ha dado la oportunidad?
6. ¿Qué tres sueños te gustaría cumplir antes de que termine el año próximo?
7. ¿Con quién te sientes más «seguro»? ¿Por qué?
8. Si pudieras almorzar con cualquier persona del mundo, ¿con quién sería y por qué?
9. ¿Cuándo fue la última vez que te sentiste rebosante de alegría?
10. Si tuvieras que regalar un millón de dólares, ¿a quién se lo darías?

Preguntas matrimoniales

1. ¿Qué tres cosas hago que te gustan mucho?
2. ¿Qué tres cosas hago que te sacan de quicio?
3. En el pasado, ¿qué he hecho para hacerte sentir amado?
4. ¿Qué te ha hecho sentir ignorado?
5. ¿En qué tres puntos puedo mejorar?
6. De las siguientes opciones, ¿qué te haría sentir más amado?

   Que te masajee y acaricie durante una hora.
   Sentarnos y hablar durante una hora sobre tu tema preferido.
   Contratar a alguien para ayudarte en la casa una tarde.
   Recibir un regalo especial.
   Escuchar cuánto te aprecio.

7. ¿Qué te gustaría poder borrar de todo lo que ha sucedido en el pasado?
8. ¿Cuál es la próxima decisión importante que crees que Dios quiere que tomemos como pareja?
9. ¿Cómo te gustaría que fuera tu vida dentro de cinco años?
10. ¿Qué palabras te gustaría escuchar de mi boca más a menudo?

Ofrece aliento y un oído atento. No permitas que esto se transforme en una discusión ni en un momento para criticar. Que sea un tiempo para que tu cónyuge se exprese.

APÉNDICE III
Cómo orar juntos

*Perseverad en la oración, velando en ella
con acción de gracias.*
—Colosenses 4:2

Orar juntos como pareja es un privilegio invalorable que
conlleva beneficios infinitos. Pero para muchos, es una nueva
idea y podría ser un tanto intimidante al principio. Muchas
personas relegan la oración a situaciones convencionales.
La iglesia. Las comidas. La hora de irse a dormir. Las salas de
espera. Pero así perdemos oportunidades diarias de abrazar el
privilegio que Dios nos ha dado de entregarle cada necesidad e
inquietud en una oración inmediata… juntos.

Como esposos, orar juntos no solo debería ser lo primero
antes de cada día y decisión, sino también el refugio instantá-
neo ante el primer indicio de temor, duda o inquietud.

- Toda crisis debería llamarlos a orar juntos de inmediato,
  en lugar de entrar en pánico. Cuando se enteran de una
  tragedia nacional, una emergencia familiar o del diagnós-
  tico de cáncer de un amigo, tómense de la mano y corran
  juntos al trono de la gracia.
- Incluso al recibir buenas noticias, la oración unida de
  gratitud honra a Dios por Sus bendiciones y desvía cualquier tentación de atribuirse el crédito.

Comienza ahora, aunque las circunstancias no sean
particularmente terribles ni peligrosas, y deja que la oración
se transforme en tu respuesta automática para las cuestiones
grandes y pequeñas de la vida. Al principio, quizás no sepas qué
decir. No te preocupes. La clave es ser humilde y sincero ante
Dios, admitir sencillamente lo que estás atravesando y luego

pedir Su ayuda. No intentes impresionar a tu cónyuge con palabras santulonas.

Además, aprovecha el modelo de oración del Señor, encontrado en Mateo 6:9-13. No es un mantra para repetir, sino más bien una guía. Jesús no dijo que ese era *el contenido* para orar, sino *la manera* de hacerlo. Contiene seis clases de peticiones en sus pocas palabras. Pueden usarlas con tu cónyuge como una guía al derramar el corazón ante Dios.

La oración puede tomar muchas formas:

- Agradécele por las cosas buenas que ha hecho por ti y alábalo por lo maravilloso que es.
- Confiesa arrepentido cualquier pecado y busca Su perdón misericordioso.
- Ora pidiéndole a Dios específicamente lo que necesitas.
- Dile que recibes Su amor por ti y exprésale tu amor en respuesta.
- Clama por sabiduría, fortaleza y guía para las decisiones pequeñas y grandes que se te presenten.
- Ríndete a Él y pídele que cambie tu corazón.
- Pídele que transforme tu matrimonio en algo maravilloso que le agrade.

Y lo más importante, debes estar dispuesto a decir: «Hágase tu voluntad». Entonces, comienza el día, lleno de expectativa para ver cómo obra en forma poderosa a tu alrededor y con amor a través de ti, ¡para Su gloria!

En las próximas páginas, encontrarás algunos «candados» y «llaves» importantes de la oración: actitudes, estilos de vida y respuestas que, según la Escritura, pueden obstruir tu experiencia de oración o abrirla como nunca antes.

Apéndice IV
Los candados y las llaves de la oración eficaz

Perseverad en la oración, velando en ella
con acción de gracias.
—Colosenses 4:2

Diez candados
que obstruyen la oración

1. **Orar sin conocer a Dios a través de Jesús**

   Juan 14:6: «Jesús le dijo: Yo soy el camino, y la verdad, y la vida; nadie viene al Padre sino por mí».

2. **Orar con un corazón sin arrepentimiento**

   Salmo 66:18-19 NVI: «Si en mi corazón hubiera yo abrigado maldad, el Señor no me habría escuchado; pero Dios sí me ha escuchado, ha atendido a la voz de mi plegaria».

3. **Orar para hacer alarde**

   Mateo 6:5: «Y cuando oréis, no seáis como los hipócritas; porque a ellos les gusta ponerse en pie y orar en las sinagogas y en las esquinas de las calles, para ser vistos por los hombres. En verdad os digo que ya han recibido su recompensa».

4. **Orar en forma repetitiva, con palabras vacías**

   Mateo 6:7-8: «Y al orar, no uséis repeticiones sin sentido, como los gentiles, porque ellos se imaginan que serán oídos por su palabrería. Por tanto, no os hagáis semejantes a ellos; porque vuestro Padre sabe lo que necesitáis antes que vosotros le pidáis».

5. **Oraciones que no se hacen**

   Santiago 4:2: «No tenéis, porque no pedís».

6. **Orar con un corazón concupiscente**

   Santiago 4:3: «Pedís y no recibís, porque pedís con malos propósitos, para gastarlo en vuestros placeres».

7. **Orar mientras maltratas a tu cónyuge**

   1 Pedro 3:7: «Y vosotros, maridos, igualmente, convivid de manera comprensiva con vuestras mujeres [...] dándole honor como a coheredera de la gracia de la vida, para que vuestras oraciones no sean estorbadas».

8. **Orar mientras ignoras a los pobres**

   Proverbios 21:13: «El que cierra su oído al clamor del pobre, también él clamará y no recibirá respuesta».

9. **Orar con amargura en el corazón hacia alguien**

   Marcos 11:25-26: «Y cuando estéis orando, perdonad si tenéis algo contra alguien, para que también vuestro Padre que está en los cielos os perdone vuestras transgresiones. Pero si vosotros no perdonáis, tampoco vuestro Padre que está en los cielos perdonará vuestras transgresiones».

10. **Orar con un corazón sin fe**

    Santiago 1:6-8: «Pero que pida con fe, sin dudar; porque el que duda es semejante a la ola del mar, impulsada por el viento y echada de una parte a otra. No piense, pues, ese hombre, que recibirá cosa alguna del Señor, siendo hombre de doble ánimo, inestable en todos sus caminos».

DIEZ LLAVES
PARA LA ORACIÓN EFICAZ

1. Orar pidiendo, buscando y llamando

Mateo 7:7-8,11: «Pedid, y se os dará; buscad, y hallaréis; llamad, y se os abrirá. Porque todo el que pide, recibe; y el que busca, halla; y al que llama, se le abrirá. [...] Pues si vosotros, siendo malos, sabéis dar buenas dádivas a vuestros hijos, ¿cuánto más vuestro Padre que está en los cielos dará cosas buenas a los que le piden?».

2. Orar con fe

Marcos 11:24: «Por eso os digo que todas las cosas por las que oréis y pidáis, creed que ya las habéis recibido, y os serán concedidas».

3. Orar en secreto

Mateo 6:6: «Pero tú, cuando ores, entra en tu aposento, y cuando hayas cerrado la puerta, ora a tu Padre que está en secreto, y tu Padre, que ve en lo secreto, te recompensará».

4. Orar de acuerdo a la voluntad de Dios

1 Juan 5:14: «Y esta es la confianza que tenemos delante de Él, que si pedimos cualquier cosa conforme a su voluntad, Él nos oye».

5. Orar en el nombre de Jesús

Juan 14:13-14: «Y todo lo que pidáis en mi nombre, lo haré, para que el Padre sea glorificado en el Hijo. Si me pedís algo en mi nombre, yo lo haré».

6. Orar junto con otros creyentes

Mateo 18:19-20: «Además os digo, que si dos de vosotros se ponen de acuerdo sobre cualquier cosa que pidan aquí en la tierra, les será hecho por mi Padre que está en los cielos. Porque donde están dos o tres reunidos en mi nombre, allí estoy yo en medio de ellos».

7. Orar con ayuno

Hechos 14:23: «Después que les designaron ancianos en cada

iglesia, habiendo orado con ayunos, los encomendaron al Señor en quien habían creído».

8. **Orar con una vida de obediencia**

   1 Juan 3:21-22: «Amados, si nuestro corazón no nos condena, confianza tenemos delante de Dios; y todo lo que pidamos lo recibimos de Él, porque guardamos sus mandamientos y hacemos las cosas que son agradables delante de Él».

9. **Orar permaneciendo en Cristo y en Su Palabra**

   Juan 15:7: «Si permanecéis en mí, y mis palabras permanecen en vosotros, pedid lo que queráis y os será hecho».

10. **Orar deleitándose en el Señor**

    Salmo 37:4: «Pon tu delicia en el Señor, y Él te dará las peticiones de tu corazón».

UN RESUMEN DE LOS CANDADOS Y LAS LLAVES DE LA ORACIÓN

1. **Tu relación con Dios debe estar en orden.**
2. **Tu relación con las demás personas debe estar en orden.**
3. **Tu corazón debe estar en orden.**

APÉNDICE V
Cómo orar por tu esposa

1. Que ame al Señor con todo su corazón, con toda su alma, con toda su mente y con toda su fuerza. (Mateo 22:36-40)
2. Que encuentre su belleza y su identidad en Cristo, y refleje Su carácter. (1 Pedro 3:1-3; Proverbios 31:30)
3. Que ame la Palabra de Dios y permita que la lleve a ser cada vez más parecida a Cristo. (Efesios 5:26)
4. Que sea bondadosa, hable la verdad en amor y se aparte del chisme. (Efesios 4:15,29; 1 Timoteo 3:11)
5. Que te respete y se someta a tu liderazgo como al Señor. (Efesios 5:22-24; 1 Corintios 14:45)
6. Que sea agradecida y encuentre su satisfacción en Cristo, y no en las circunstancias. (Filipenses 4:10-13)
7. Que sea hospitalaria y diligente para servir a los demás con gozo piadoso. (Filipenses 2:3-4)
8. Que traiga bien y no mal a su familia todos los días de su vida. (Proverbios 31:12; 1 Corintios 7:34)
9. Que invite a mujeres mayores y piadosas a que le enseñen y le ayuden a crecer. (Tito 2:3-4)
10. Que no crea las mentiras que desvalorizan su función como esposa y madre. (Tito 2:5)
11. Que sea amorosa, paciente, lenta para ofenderse y rápida para perdonar. (Santiago 1:19; Efesios 4:32)
12. Que busque satisfacer sus necesidades sexuales solo con su marido, y satisfacer las de él. (1 Corintios 7:1-5)
13. Que se dedique a la oración e interceda en forma eficaz por los demás. (Colosenses 4:2; Lucas 2:37)
14. Que guíe su hogar y sus hijos con diligencia y temor del Señor. (Proverbios 31:27)
15. Que no proporcione ninguna razón para la difamación ni pierda la confianza en sí misma. (1 Timoteo 5:14)

Cómo orar por tu esposo

1. Que ame al Señor con todo su corazón, con toda su alma, con toda su mente y con todas sus fuerzas. (Mateo 22:36-40)

2. Que camine en integridad, cumpla sus promesas y honre sus compromisos. (Salmo 15; 112:1-9)

3. Que te ame en forma incondicional y te sea fiel. (Efesios 5:25-33; 1 Corintios 7:1-5)

4. Que sea paciente, amable, difícil de ofender y rápido para perdonar. (Santiago 1:19; Efesios 4:32)

5. Que no se distraiga ni se acobarde adoptando una actitud pasiva, sino que acepte su responsabilidad. (Nehemías 6:1-14)

6. Que se vuelva un trabajador diligente que provea para su familia y sus hijos. (Proverbios 6:6-11; 1 Timoteo 5:8)

7. Que esté rodeado de amigos sabios y evite las amistades insensatas. (Proverbios 13:20; 1 Corintios 15:33)

8. Que use el buen juicio, practique la justicia, ame la misericordia y camine en humildad con Dios. (Miqueas 6:8)

9. Que dependa de la sabiduría y la fortaleza de Dios en lugar de la propia. (Proverbios 3:5-6; Santiago 1:5; Filipenses 2:13)

10. Que tome decisiones basadas en el temor a Dios en lugar del temor al hombre. (Salmo 34; Proverbios 9:10; 29:25)

11. Que se transforme en un líder espiritual fuerte y valiente, lleno de sabiduría y convicción. (Josué 1:1-10; 24:15)

12. Que sea libre de toda atadura, mal hábito o adicción que le impida avanzar. (Juan 8:31,36; Romanos 6:1-19)

13. Que encuentre su identidad y su satisfacción en Dios en lugar de hacerlo en cuestiones temporales. (Salmo 37:4; 1 Juan 2:15-17)

14. Que lea la Palabra de Dios y permita que guíe sus decisiones. (Salmo 119:105; Mateo 7:24-27)

15. Que sea hallado fiel a Dios y deje un legado sólido para las generaciones futuras. (2 Timoteo 4:6-8; Juan 17:4)

APÉNDICE VI

¿Cómo puedo hallar paz con Dios?

Aun después de completar el día 20 de El *desafío del amor*, quizás todavía estés inseguro respecto a tu relación con Dios. Sin embargo, nada debería evitar que recibas y experimentes Su amor por ti en este momento, y que puedas amar a tu cónyuge desde esta reserva inagotable de fortaleza.

La Biblia describe esta realidad sobrenatural de la siguiente manera:

Dios nos creó para agradarlo y honrarlo. Pero por nuestro orgullo y egoísmo, ninguno ha alcanzado su propósito y todos hemos deshonrado a Dios de distintas maneras en nuestra vida. Todos hemos pecado contra Él, y no le hemos dado el honor y la gloria que merece de nuestra parte (Romanos 3:23).

Si afirmas que eres una buena persona, sé sincero y pregúntate si alguna vez deshonraste a Dios con mentiras, engaños, deseos lujuriosos, robo, rebelión contra las autoridades u odio hacia los demás. Estos pecados no solo tienen consecuencias en esta vida, sino que nos descalifican de poder presentarnos ante Dios en paz y vivir con Él en el cielo eternamente. Como Dios es santo, debe rechazar todo lo pecaminoso (Mateo 13:41-43). Y como es perfecto, no puede permitirnos pecar contra Él y quedar sin castigo; de lo contrario, no sería un Juez justo (Romanos 2:5-8). La Biblia declara que nuestros pecados nos separan de Dios y que «la paga del pecado es muerte» (Romanos 6:23). No se trata solo de una muerte física, sino de una muerte espiritual que nos separa de Dios por la eternidad.

La mayoría de la gente no comprende que nuestras buenas obras ocasionales no borran nuestros pecados ni nos limpian a ojos de Dios. Si esto fuera posible, podríamos ganarnos la entrada al cielo, lo cual negaría la justicia divina contra el pecado. No solo es imposible, sino que le quita a Dios el honor que merece.

La buena noticia es que el Señor no solo es justo, sino también amoroso y misericordioso. Nos proporcionó un mejor camino para recibir perdón y poder conocerlo.

Según la Biblia, por amor y bondad para con nosotros, Dios envió a Su único Hijo, Jesucristo, a morir en nuestro lugar y derramar Su sangre para pagar por nuestros pecados. Esto proveyó un sacrificio puro y un precio justo para Dios por nuestros pecados, y permitió que Jesús recibiera el juicio que nosotros merecíamos. La muerte de Cristo satisfizo la justicia de Dios y, a la vez, proporcionó una demostración perfecta de Su misericordia y Su amor. Tres días después de la muerte de Jesús, Dios lo levantó de entre los muertos como nuestro Redentor vivo, para probar que es el Hijo de Dios (Romanos 1:4).

Dios demuestra su amor para con nosotros, en que siendo aún pecadores, Cristo murió por nosotros. (Romanos 5:8)

Porque de tal manera amó Dios al mundo, que dio a su Hijo unigénito, para que todo aquel que cree en Él, no se pierda, mas tenga vida eterna. (Juan 3:16)

La muerte y la resurrección de Jesucristo nos dieron la oportunidad de recibir perdón y hallar paz con Dios. Tal vez no parezca correcto que la salvación sea un don gratuito. Pero las Escrituras enseñan que Dios quiso revelar la magnitud de Su gracia y Su bondad para con nosotros al ofrecernos la salvación como una dádiva (Efesios 2:1-7). Ahora manda a las personas en todas partes que se arrepientan y se alejen de su pecado, y confíen con humildad en Jesús para su salvación. Al rendirle tu vida a Su señorío y Su control, puedes recibir perdón y vida eterna.

Porque la paga del pecado es muerte, pero la dádiva de Dios es vida eterna en Cristo Jesús Señor nuestro. (Romanos 6:23)

Si confiesas con tu boca a Jesús por Señor, y crees en tu corazón que Dios le resucitó de entre los muertos, serás salvo. (Romanos 10:9)

Millones de personas en todo el mundo han alcanzado la paz con Dios al rendirle sus vidas a Jesucristo. Pero es una decisión personal.

¿Hay algo que te impida rendirle tu vida a Jesús en este momento? Si comprendes tu necesidad de perdón y estás listo para comenzar a relacionarte con Dios, te alentamos a orar ahora y a confiarle tu vida a Jesucristo. Sé sincero con Él respecto a tus errores y tu necesidad de perdón. Decide apartarte de tu pecado y confiar en Él y en Su obra en la cruz. Luego, abre el corazón e invítalo a entrar en tu vida para llenarte, cambiar tu corazón y tomar el control. Si no sabes cómo comunicárselo, utiliza esta oración como guía:

Señor Jesús, sé que he pecado contra ti y merezco el juicio divino. Creo que moriste en la cruz para pagar por mis pecados. Decido alejarme ahora de mis pecados y te pido perdón. Jesús, quiero que seas el Señor y el Dueño de mi vida. Cámbiame y ayúdame a vivir el resto de mi vida para ti. Gracias por perdonarme y por preparar un hogar en la eternidad para mí. Amén.

Si oraste con sinceridad y le entregaste tu vida a Jesucristo, te felicitamos y te alentamos a contarles a otros sobre tu decisión. Si lo hiciste de corazón, tienes que dar algunos pasos importantes para comenzar tu travesía espiritual.

En primer lugar, es fundamental que encuentres una iglesia que enseñe la Biblia, y que informes allí de tu deseo de obedecer el mandamiento de Cristo de ser bautizado. Es un hito importante que te permite identificarte públicamente con Jesús, compartir tu fe con los demás y comenzar un nuevo camino espiritual. Intégrate a la iglesia, comienza a asistir en forma habitual y comparte la vida con otros creyentes en Jesucristo. Ellos te alentarán, orarán por ti y te ayudarán a crecer.

Todos necesitamos la comunión y la posibilidad de rendir cuentas.

Además, consigue una Biblia que te resulte fácil de comprender y comienza a leerla unos minutos cada día. Empieza por el libro de Juan y sigue adelante en el Nuevo Testamento. Mientras lees, pídele a Dios que te enseñe a amarlo y a caminar con Él. Comienza a hablar con Dios en oración y agradécele por tu nueva vida, confiesa tus pecados cuando fracases y pídele lo que necesitas. Mientras caminas con el Señor, aprovecha las oportunidades que Él te da para hablar de tu fe con los demás. La Biblia enseña: «… santificad a Cristo como Señor en vuestros corazones, estando siempre preparados para presentar defensa ante todo el que os demande razón de la esperanza que hay en vosotros…» (1 Pedro 3:15). ¡No hay mayor gozo que conocer a Dios y darlo a conocer! ¡Que Dios te bendiga!

Apéndice VII
Cómo superar la pornografía

No os ha sobrevenido ninguna tentación que no sea común a los hombres; y fiel es Dios, que no permitirá que vosotros seáis tentados más allá de lo que podéis soportar, sino que con la tentación proveerá también la vía de escape, a fin de que podáis resistirla.
—*1 Corintios 10:13*

La pornografía es idolatría. Crea una adicción lujuriosa que lleva a un hombre o una mujer a rendirle su mente, su cuerpo, su dinero, su tiempo y su pureza como un servicio. Se transforma en un dios y un amo perverso.

Cuando Dios creó el sexo para que se disfrutara en el marco del matrimonio, vinculó en forma permanente su placer con los esposos, el amor, la intimidad y el compromiso de por vida. Cada uno de estos elementos protege el valor de la relación sexual y refuerza la unión de la pareja casada. En el santo matrimonio, el placer sexual está fundamentado en el amor, se brinda sin restricciones, y conserva un valor inmenso y muchos beneficios saludables. No tiene costo. No produce vergüenza. No conlleva culpa. No trae remordimientos.

La pornografía es lo opuesto. Le quita al placer sexual todo su propósito. Desconecta la excitación sexual de su fundamento en el amor, el matrimonio y el compromiso de por vida, y lo vincula a la lujuria, la vanidad, la irresponsabilidad, y la emoción perversa del pecado y las imágenes impactantes. En lugar de ser una recompensa divina, el placer sexual se transforma en algo inmerecido, perverso, ilegítimo y sin propósito. Es como cocaína sexual que atrae al individuo a una trampa, y después viola su mente y su conciencia, dejándolo adicto, adormecido y despojado de toda moral. La gente que lo rodea comienza a importarle cada vez menos. Deja de encontrar alegría en las cosas buenas y de entristecerse por el pecado. Se siente culpable, oscuro y sucio, espiritualmente lejos de Dios y emocionalmente desconectado de su cónyuge. No solo eso, sino que también le da lugar a Satanás, y permiso para atormentarlo con condenación, mentiras y acusaciones. Está mucho peor que cuando empezó.

Todas las adicciones crean un pico de adrenalina que genera una sensación placentera momentánea, pero dejan un vacío aun más profundo, que produce más insatisfacción que al principio. Por eso, la pornografía apela a un nuevo estímulo a corto plazo, y te miente constantemente para convencerte de que este «éxtasis» puede sacarte del pozo. Pero la lujuria genera más lujuria. Y quedas atrapado en un ciclo que desciende como un espiral y parece no acabar jamás.

Si alguna vez sientes un hambre voraz por la pornografía, debes comprender lo siguiente: es lo último que necesitas, y jamás te hará sentir satisfecho. Corre. Está intentando saciar tu sed de amor legítimo con lujuria barata. Satanás siempre te tienta a satisfacer necesidades legítimas de maneras ilegítimas. Lo que en verdad anhelas es intimidad con Dios mismo, el único que puede llenar el vacío de tu corazón. Cualquier clase de lujuria en nosotros revela que no hemos estado deleitándonos en el amor de nuestro Padre celestial (1 Juan 2:15-17).

Un sinnúmero de hombres y mujeres han vencido las adicciones a la pornografía aprendiendo a caminar en intimidad y obediencia con Cristo en Su Palabra y en oración cada día. Jesús le dijo a la mujer samaritana: «Todo el que beba de esta agua volverá a tener sed [...], pero el que beba del agua que yo le daré, no volverá a tener sed jamás, sino que dentro de él esa agua se convertirá en un manantial del que brotará vida eterna» (Juan 4:13-14, NVI). Su espíritu puede llenarte y satisfacerte en formas que la pornografía jamás podría. Así que sé lo suficientemente valiente como para llamar a la pornografía por su verdadero nombre: una cloaca moral y un pozo de mentiras.

- *Miente*, al afirmar que el placer sexual es más importante que todo lo demás.

- *Roba*, al quitar la intimidad y el honor en el matrimonio, y el disfrute puro del lecho matrimonial.
- *Contamina*, al endurecer tu mente, adormecer tu conciencia y oscurecer tus pensamientos.
- *Empequeñece*, al transformar personas hechas a imagen de Dios en prostitutas, meros objetos sexuales de tu lujuria.
- *Esclaviza*, al hacerte sentir que no puedes detener ni controlar tus impulsos.

Esto debería repugnarnos. Busca y estudia los siguientes pasajes que enseñan qué más te hace la lujuria. Ahoga la Palabra en tu corazón (Marcos 4:19); te lleva a autodestruirte y degradar tu mente (Romanos 1:24); genera una lucha interior y tensión en las relaciones interpersonales (Santiago 4:1); produce un estado de frustración, ansiedad e insatisfacción constantes (Santiago 4:2); no te permite ver lo que es más importante en la vida (1 Juan 2:16-17); e invita el juicio y el castigo de Dios (1 Corintios 10:1-6). Con estas verdades y serias advertencias en mente, debes decidir ante Dios caminar en completa honestidad y pureza (1 Juan 1:7), en profundo arrepentimiento y victoria. La Escritura nos muestra cómo caminar en libertad, de las siguientes maneras:

- No permitas que la lujuria siga dominándote. (Romanos 6:12)
- Quítala por completo de tu vida. (Efesios 4:22)
- En cambio, pon la mente en las cosas de arriba. (Colosenses 3:1-5)
- Recuerda que ahora le perteneces a Cristo. (Gálatas 5:24)
- Recuerda que la gracia de Dios te da el poder para decir «¡No!» a las exigencias y los engaños de la lujuria. (Tito 2:12)
- Huye cuando intente volver a atraparte. (2 Timoteo 2:22)
- Sé como Jesús, dispuesto a sufrir antes que pecar. (1 Pedro 4:1-2)

- Confía en la llenura, el poder y la ayuda del Espíritu Santo para resistir con fidelidad. (Gálatas 5:16-25)
- Escapa al creer las promesas de Dios de que Él suplirá tus necesidades y jamás te dejará. (2 Pedro 1:4)

Dios te ha dado todo lo que necesitas para ser completamente feliz y exitoso en la vida (2 Pedro 1:3-4). Y para esto, es necesario que vivas libre de toda pornografía. Si has estado esclavizado a esta práctica en el pasado, sabes bien cuán bajo puede hacerte caer. Dios no quiere que vuelvas a ver a alguien desnudo que no sea tu cónyuge. Admítelo. La fuerza de voluntad humana no es suficiente. Necesitas la gracia de Dios.

Así que, si eres adicto a la pornografía, confiésaselo a Dios y a otra persona que sea tu confidente en el área espiritual (Santiago 5:16). Comienza a memorizar la Palabra de Dios (versículos como 1 Corintios 10:13, 2 Pedro 1:3-4, 2 Timoteo 2:22, Filipenses 4:6–8 y Tito 2:12) y úsala para vencer la tentación. Deléitate en el Señor cada día. Él es tu fuente de satisfacción (Santiago 1:17). Sé radical al eliminar todo lo que pueda hacerte tropezar (Mateo 18:9). En tiempos de batalla, cambia tu foco y concéntrate en orar por los demás para distraerte de los pensamientos pecaminosos (Efesios 6:17-18). Ríndeles cuentas a buenos amigos, ¡y nunca dejes de procurar la victoria en Cristo!

Apéndice VIII
Siete pasos para una mejor vida sexual

Tu nivel de disfrute durante la relación sexual tiene más que ver con lo que sucede en tu corazón, mente y espíritu que con el cuerpo. Demasiadas veces, no nos preparamos en el ámbito emocional, espiritual y relacional para el sexo, y luego nos preguntamos por qué el acto en sí es apenas satisfactorio. Como la relación sexual se funda en la fortaleza del compromiso, el amor y la intimidad entre los esposos, es importante solidificar estos elementos clave antes de unirse físicamente. Cuando un hombre y su esposa se rinden por completo a Dios, se conocen y se aman profundamente, y luego se entregan el uno al otro sin restricción, la intimidad y la relación sexual se disparan a una nueva altura de disfrute. Y no solo eso, sino que también Dios es glorificado en medio de todo.

Recuerda, la idea de intimidad supone conocer por completo y amar por completo. Para esto, es necesario que los dos sean sinceros y vulnerables, y luego acepten y afirmen su amor y compromiso mutuo. Aquí tienen siete pasos para ayudarlos a experimentar estas bendiciones creadas por Dios en el matrimonio, y llevar la relación sexual a un nivel superior. Al avanzar paso a paso, irá aumentando la intimidad.

1. *Eliminen la culpa.* Es necesario resolver toda cuestión que les pese en el corazón o la conciencia. Así que dediquen algunos minutos a orar juntos, a arreglar su situación con Dios, para que no haya nada de culpa que los corrompa o los agobie. Vuelvan a comprometerse con el Señor y con Su señorío sobre sus vidas.

2. *Eliminen la amargura.* El enojo sin resolver le echa agua fría al fuego del romance. Así que, además de estar a cuentas con Dios, arreglen bien las cosas entre ustedes, sin permitir que

brote la amargura. Esto significa preguntarle al otro: «¿Estás herido por algo o enojado conmigo? ¿Hay algo entre nosotros? ¿Te lastimé de alguna manera y no arreglé las cosas?». Los dos deben pedir perdón con sinceridad y perdonar por completo al otro (Efesios 4:32). Esto es vital para lograr la verdadera unidad y la intimidad que ambos desean.

3. *Eliminen el estrés.* El estrés y las preocupaciones pueden distraer la mente y agobiar el corazón. Oren el uno por el otro y por todas las cosas que han estado preocupándolos. Oren para que Dios intervenga en sus circunstancias. Pidan por el futuro del matrimonio, y para que el Señor proteja, bendiga y fortalezca al otro. Dios calma nuestra mente a través de la oración, trae paz emocional y entrelaza nuestros corazones.

4. *Llénense del amor de Dios.* Mientras oran, pídanle a Dios que les dé Su amor para ustedes y que los transforme en un canal de Su amor para el otro. Oren también para que Dios los llene de Su Espíritu Santo, que derrame Su amor, Su gozo y Su paz sobre sus corazones… y que con esto puedan bendecirse mutuamente (Romanos 5:5; Gálatas 5:22).

5. *Desborden de acción de gracias.* La ingratitud y el egoísmo disminuyen tremendamente su nivel de satisfacción; no solo en la intimidad sexual, sino en todos los aspectos de la vida. Se roban el gozo de cualquier experiencia, y los hacen sentir usados y sin valor en lugar de celebrados y edificados (Proverbios 23:6-8). La acción de gracias es una manera de concentrar la mente en las cosas positivas de tu cónyuge y aumentar su valor inmensurable en tu corazón y tu mente. Así que dedica algo de tiempo a agradecerle a tu esposo o esposa cualquier cosa que haya hecho por ti últimamente, y deja que haga lo mismo por ti. Aprecien y honren lo que cada uno contribuye a la vida del otro.

6. *Derramen afirmación.* Afirmen en forma verbal el amor y el compromiso a largo plazo entre ustedes. Aliéntense mutuamente mencionando lo que más admiran y respetan del otro,

las cualidades y las peculiaridades que todavía les atraen de esta persona especial. Apréciense con palabras, y reciban las expresiones de amor y devoción mutua. «Panal de miel son las palabras agradables», afirma la Biblia, «dulces al alma y salud para los huesos» (Proverbios 16:24).

7. *Piensen en el otro durante la relación sexual.* Celebra la unidad y el regalo de Dios que es tu cónyuge. Al deleitarse en el otro y compartir la intimidad física, ambos deberían concentrarse por completo en satisfacer las necesidades y los deseos del cónyuge antes que los propios. Deja que el amor los una en una fiesta de afecto abnegado. Y mientras lo hacen, ¡alaben al Señor con su unión!

> «He entrado en mi huerto, hermana mía, esposa mía;
> he recogido mi mirra con mi bálsamo.
> He comido mi panal y mi miel;
> he bebido mi vino y mi leche.
> Comed, amigos; bebed y embriagaos, oh amados».
>
> (Cantar de los cantares 5:1)

APÉNDICE IX
La Palabra de Dios en mi vida

Que esta proclama te ayude a acercarte bien a la Palabra de Dios.

La Biblia es la Palabra de Dios.

Es santa, infalible y tiene toda autoridad. (*Proverbios 30:5-6; Juan 17:17; Salmo 119:89*)

Es útil para enseñar, para reprender, para corregir y para instruirme en justicia. (*2 Timoteo 3:16*)

Me hace madurar y me prepara para estar listo para toda buena obra. (*2 Timoteo 3:17*)

Es una lámpara a mis pies y una luz para mi camino. (*Salmo 119:105*)

Me hace más sabio que mis enemigos. (*Salmo 119:97-100*)

Me trae estabilidad durante las tormentas de la vida. (*Mateo 7:24-27*)

Si creo en su verdad, seré libre. (*Juan 8:32*)

Si la atesoro en mi corazón, estaré protegido en tiempos de tentación. (*Salmo 119:11*)

Si permanezco en ella, me transformaré en un verdadero discípulo. (*Juan 8:31*)

Si medito en ella, tendré éxito. (*Josué 1:8*)

Si la guardo, seré recompensado y mi amor será perfeccionado. (*Salmo 19:7-11; 1 Juan 2:5*)

Es la Palabra viva, poderosa y perspicaz de Dios. (*Hebreos 4:12*)

Es la espada del Espíritu. (*Efesios 6:17*)

Es más dulce que la miel y más deseable que el oro. (*Salmo 19:10*)

Es indestructible y está firme en los cielos. (*2 Corintios 13:7-8; Salmo 119:89*)

Es completamente cierta y no tiene error. (*Juan 17:17; Tito 1:2*)

Es completamente veraz con respecto a Dios. (*Romanos 3:4; Romanos 16:25,27; Colosenses 1*)

Es completamente veraz con respecto al hombre. (*Jeremías 17:9; Salmo 8:4-6*)

Es completamente veraz con respecto al pecado. (*Romanos 3:23*)

Es completamente veraz con respecto a la salvación. (*Hechos 4:12; Romanos 10:9*)

Es completamente veraz con respecto al cielo y al infierno. (*Apocalipsis 21:8; Salmo 119:89*)

> *Señor, abre mis ojos para que pueda ver la verdad, y mis oídos*
> *para que pueda escucharla.*
> *Abre mi corazón para recibirla por fe.*
> *Renueva mi mente para conservarla en esperanza.*
> *Doblega mi voluntad para que pueda vivirla con amor.*
>
> *Recuérdame que soy responsable cuando la escucho.*
> *Ayúdame a desear obedecer lo que dices en ella.*
> *Transforma mi vida para poder conocerla.*
> *Carga mi corazón para poder comunicarla.*
>
> *Habla ahora, Señor.*
> *Dame pasión para conocer y seguir tu voluntad.*
> *Nada más. Nada menos.*

NOTAS

Notas

Notas

NOTAS

NOTAS

Notas

NOTAS

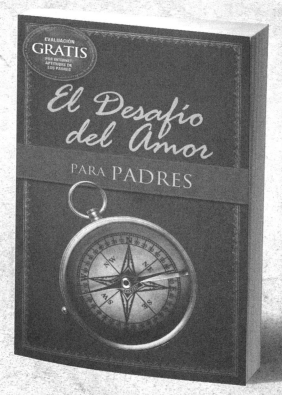

EL DESAFÍO DEL AMOR
PARA CADA DÍA

Inspirado por el libro del primer puesto de best sellers del *New York Times*.

Este libro alienta y desafía a las parejas a dar nuevos pasos en fe y amor a partir de 365 desafíos de aliento en cuanto a la vida matrimonial, recordatorios y sugerencias repetibles año tras año.

BHEspanol.com

Los autores Stephen y Alex Kendrick de *La Resolución para Hombres*, escriben este libro para ayudar y guiar a los hombres a que tomen la responsabilidad como padres y maridos de una manera física, emocional y espiritual.

BASADOS EN LA PELÍCULA RETO DE VALIENTES

Viviendo la Resolución

La autora Priscilla Shirer invita a las mujeres a que vivan de una manera intencional que favorezca a Dios y a sus familias.

B&H Español
BHEspanol.com

Vidas valientes
Estudio bíblico

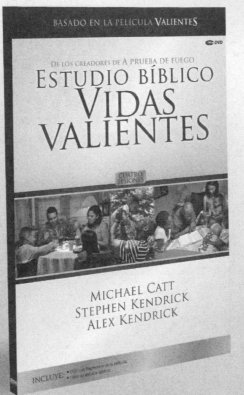

Esta guía para grupos pequeños te ayudará a ser más valiente en cuatro áreas importantes: Responsabilidad, prioridades, herencia y fe. Este dinámico estudio bíblico para cuatro semanas incluye un libro de 64 páginas para los participantes y un DVD con partes de la película RETO DE VALIENTES relacionadas con cada lección. Además, material para imprimir que ayudarán al líder en la preparación de cada clase.

BHEspanol.com